So schmeckt das
Oktoberfest

Manfred Schauer, der Schichtl

So schmeckt das Oktoberfest

Ein historischer und
kulinarischer Wiesn-Bummel

Vorwort
Dr. Gabriele Weishäupl

Tourismusdirektorin der Landeshauptstadt München und Festleiterin des Münchner Oktoberfests

»Auf geht's beim Schichtl!«

Wenn dieser traditionsreiche Ruf erschallt, ist wieder Wiesn-Zeit in München. Und zum 25. Mal ist der Schauer Manfred heuer der Lautsprecher dieser uralten Schaustellertradition. Das passt besonders gut, weil zusammen kommen wir auf 50 Wiesn-Jahre. Ich habe im Jahr 1985 als Festleiterin auf der Wiesn angefangen mit der Grundeinstellung »Auf geht's beim Schichtl«. Jetzt feiert auch noch unsere Wiesn ihren 200. Geburtstag, und insgesamt stellt unsere Zeit ein Viertel des Jubiläumszeitraums dar. Das ist schon eine echte Verpflichtung.

Dazu kommt, dass das Tourismusamt, zu dem die Festleitung gehört, in diesem Jahr auch noch seinen 50. Geburtstag feiern kann. Somit bestreiten wir schon die Hälfte des oktoberfestlichen historischen Zeitraums, von dem wiederum der echte Papa Schichtl 141 Jahre belegte. Dankbar haben wir also vor 25 Jahren in der Festleitung registriert, dass es da einen gibt, der das alte Theater fortführt. Mit der Schichtlin, dem Ringo, der Dicken, dem Hamperer, der Guillotine und der Parade. Das Schichtl-Theater gibt es nur noch auf der Wiesn, wie viele andere Nostalgie-Geschäfte auch, z. B. die Krinoline oder das Teufelsrad. Es ist der ausdrückliche Wunsch der Stadt München, dass solche alten Schaustellertraditionen und Nostalgie-Geschäfte gefördert werden und überleben können. Denn auch das macht unsere Wiesn so einmalig. Dem Schichtl-Nachfolger Manfred Schauer an dieser Stelle ein herzliches »Vergelt's Gott« für seinen langjährigen Einsatz als Illusionstheaterdirektor und für das Aufrechterhalten einer großen Schaustellertradition. Wer den Schauer einmal

gesehen und gehört hat, wie er mit derben Sprüchen und lautstarken Frechheiten paradiert, der weiß, dass Schichtls Zaubertheater nicht tot ist. Erstaunlich, dass in Zeiten einer allgegenwärtigen Korrektheit die makaber komische Illusionsnummer »Enthauptung einer lebenden Person« noch existiert. Auch zartere Attraktionen kann man im Schichtl-Theater bestaunen: Etwa den Schmetterlingstanz, früher Serpentinentanz, den ich selbst schon auf diversen Volksfestbühnen vor staunendem Publikum aufgeführt habe.
Und hier nun also Kochrezepte! Im Reigen wiesnnaher Schmankerl verschiedener Persönlichkeiten darf auch ich in diesem Buch etwas Wiesn-Typisches präsentieren: Mein Jubiläumshendl! Dieser Klassiker ist so schlicht wie meine Kochkünste, ansonsten aber ein zentraler Bestandteil des lukullischen Reichs des Oktoberfests. Unter dem Motto »Heute Hinrichtung im Hühnerstall« habe ich mich dem Thema beherzt genähert. Kommen Sie damit und mit all den anderen Gerichten auf den Geschmack der Wiesn und viel Spaß beim Lesen der Schichtl-Gschichtn!

Inhaltsverzeichnis

Schön, wenn man da wohnt, wo andere Urlaub machen!

Manfred Schauer, d.S.v.d.W.

Suppen & Salate

Leberspätzlesuppe

 **Wirtshaus im Schichtl**
Manfred Schauer

Für 6–8 Portionen

250 g Suppengemüse (Sellerie, Möhren, Zwiebel, Lauch)
500 g Markknochen
Salz, Pfeffer
1 Semmel
200 g Rinds- oder Kalbsleber
1/4 Zwiebel
1/2 Bund Petersilie
3 EL Butter
Salz
gemahlener Ingwer
1 Ei
2 EL Mehl
abgeriebene Schale von 1/2 Bio-Zitrone
Semmelbrösel bei Bedarf
1/4 Bund Schnittlauch

Zubereitungszeit 40 Minuten
Garen 1 Stunde 30 Minuten

1. Das Suppengemüse waschen, putzen, gegebenenfalls schälen bzw. abziehen und in Stücke schneiden. Die Markknochen mit dem Gemüse in einen Topf geben und mit 2 bis 2,5 Liter Wasser auffüllen. Alles aufkochen und etwa 1 Stunde 30 Minuten köcheln lassen. Mit Salz und Pfeffer abschmecken.

2. Inzwischen die Semmel in kaltem Wasser einweichen. Die Leber fein schaben. Die eingeweichte Semmel gut ausdrücken und zur Leber geben. Beides zusammen durch den Fleischwolf drehen.

3. Die Zwiebel abziehen und fein würfeln. Petersilie waschen und trocken schütteln. Die Blättchen abzupfen und fein hacken. Zusammen mit den Zwiebeln in der Butter glasig dünsten und zu der Lebermasse geben.

4. Die Lebermasse mit Salz und 1 Prise Ingwer abschmecken. Das Ei, etwa 2 Esslöffel Mehl und die Zitronenschale dazugeben, bei Bedarf etwas Semmelbrösel, und alles unterrühren, sodass eine eher weiche Masse entsteht.

5. Die Brühe durch ein feines Sieb in einen anderen Topf abseihen und nochmals auskochen. Den Spätzleteig mit einem Spätzlehobel in die kochende Brühe hobeln. Kurz aufkochen lassen. Die Spätzle sind fertig, wenn sie oben schwimmen.

6. Den Schnittlauch waschen, trocken schütteln und in feine Röllchen schneiden. Die Suppe vor dem Servieren damit bestreuen.

Hühnersuppe mit Nudeln

Hühner- und Entenbraterei Wildmoser
Theres und Karl-Heinz Wildmoser

1. Das Suppenhuhn innen und außen kalt abwaschen und den Bürzel abschneiden. Das Huhn in einen großen Topf geben, mit kaltem Wasser bedecken und zum Kochen bringen. Zugedeckt etwa 40 Minuten köcheln lassen. Den entstehenden Schaum von Zeit zu Zeit abschöpfen.

2. Inzwischen das Suppengrün waschen, putzen, wenn nötig schälen und in grobe Stücke schneiden. Zusammen mit Salz und den Gewürzen zum Huhn geben und das Huhn in weiteren 60 Minuten weich kochen.

3. Die Nudeln nach Packungsangabe in kochendem Salzwasser kochen. Dann in ein feines Sieb abgießen. Inzwischen den Schnittlauch waschen, trocken schütteln und in feine Röllchen schneiden.

4. Das Huhn aus der Brühe heben. Das Fleisch auslösen und klein schneiden. Die Brühe durch ein feines Sieb in einen anderen Topf gießen und mit Salz, Pfeffer und Muskatnuss abschmecken. Brühe, Fleisch und Nudeln auf tiefe Teller verteilen und mit den Schnittlauchröllchen bestreuen.

Für 4–6 Portionen
1 Suppenhuhn (ca. 1,2 kg)
1 Bund Suppengrün
Salz
2 Lorbeerblätter
2 Nelken
5 Wacholderbeeren
250 g Fadennudeln
1/2 Bund Schnittlauch
Pfeffer
frisch gemahlene Muskatnuss

Zubereitungszeit 20 Minuten
Garen 1 Stunde 40 Minuten

Kürbisrahmsuppe mit Maronen

Festhalle Schottenhamel
Christian und Peter Schottenhamel

1. Den Backofen auf 200 °C (Umluft 180 °C) vorheizen. Die Maronen kreuzweise einritzen und auf ein Backblech geben. Im Backofen (Mitte) 15 Minuten rösten.

2. Inzwischen das Kürbisfleisch waschen, entkernen und ungeschält zunächst in schmale Spalten, dann in grobe Würfel schneiden. Die Möhre schälen und in Stücke schneiden. Die Zwiebel abziehen und fein würfeln.

3. Die Maronen etwas abkühlen lassen und noch sehr warm schälen. 18 Maronen auf die Seite legen. Die übrigen Maronen und das vorbereitete Gemüse in der Butter anschwitzen. Mit Brühe aufgießen, aufkochen und etwa 25 Minuten köcheln lassen.

4. Die Suppe mit dem Mixstab pürieren. Sahne und Schmand unterrühren. Mit Salz, Pfeffer, Muskatnuss und Ingwer abschmecken.

5. Die beiseitegelegten Maroni kurz vor dem Servieren ganz oder grob gehackt in die Suppe geben. Die Suppe mit etwas Kürbiskernöl beträufeln und servieren.

Für 6 Portionen

80 g + 18 Stück Maronen
500 g Hokkaidokürbisfleisch
1 Möhre (100 g)
1 Zwiebel
50 g Butter
750 ml Gemüse- oder Rinderbrühe
250 g Sahne
80 g Schmand (oder Crème fraîche)
Salz, Pfeffer
frisch gemahlene Muskatnuss
gemahlener Ingwer
Kürbiskernöl zum Beträufeln

Zubereitungszeit 50 Minuten

Münchner Festtagssuppe mit dreierlei Einlagen

Festhalle Pschorr-Bräurosl
Renate und Georg Heide

Es gibt verschiedene Einlagen für eine Festtagssuppe. In der Pschorr-Bräurosl haben wir Pfannkuchenstreifen, Maultaschen und Bratnockerl.

Für 4 Portionen

Für die Fleischbrühe

500 g Rinderknochen
500 g Suppenfleisch
1 Möhre
1/4 Sellerieknolle
1 Petersilienwurzel
1/2 Stange Lauch
1 Tomate
1 Blatt Liebstöckel
Pfefferkörner
Salz
1 Zwiebel

Zubereitungszeit 40 Minuten
Garen 3 Stunden

Zubereitung der Fleischbrühe

1. Die Rinderknochen und das Suppenfleisch in einen großen Topf geben. Möhre, Sellerie und Petersilienwurzel schälen, putzen und in grobe Stücke schneiden. Den Lauch waschen, putzen und ebenfalls in Stücke schneiden. Die Tomate waschen und halbieren. Das vorbereitete Gemüse, Liebstöckel, einige Pfefferkörner und etwas Salz in den Topf geben und mit kaltem Wasser aufgießen, sodass alles bedeckt ist. Langsam erhitzen, bis die Brühe zu kochen beginnt. Dann von der Herdplatte nehmen.

2. Die Zwiebel abziehen und halbieren. Die Zwiebelhälften in einer Pfanne kräftig anrösten lassen. Zur Suppe geben und diese nochmals aufkochen. Bei kleiner Hitze etwa 3 Stunden zugedeckt sieden lassen. Zwischenzeitlich die Suppe immer wieder vorsichtig abschöpfen und zuletzt durch ein feines Sieb abseihen.

Für die Pfannkuchenstreifen

100 g Mehl
Salz, weißer Pfeffer
200 ml Milch
2 Eier
1 Bund Petersilie
Butter zum Ausbacken

Zubereitungszeit 20 Minuten

Zubereitung der Pfannkuchenstreifen

1. Das Mehl mit etwas Salz und Pfeffer in eine Schüssel geben. Milch und Eier dazugeben, alles zu einem glatten Teig verrühren. Die Petersilie waschen und trocken schütteln. Die Blättchen abzupfen, fein hacken und unter den Teig mischen.

2. Die Butter in einer Pfanne erhitzen, etwas Teig hineingeben und dünn zu einem Pfannkuchen ausbacken. Aus dem übrigen Teig weitere Pfannkuchen backen.

3. Die Pfannkuchen jeweils zusammenrollen und in feine Streifen schneiden. Die vorbereitete Fleischbrühe erhitzen und die Pfannkuchenstreifen in die Suppe geben. Sofort servieren.

Zubereitung der **Maultaschen**

1. Das Mehl auf der Arbeitsplatte häufen, in die Mitte eine kleine Mulde drücken. Eier, Eigelb, Salz und das Öl hineingeben. Mit einer Gabel alles in der Mulde verrühren. Nach und nach Mehl vom Rand her mit unterrühren, bis ein fester Teig entsteht. Den Teig gut durchkneten und zu einer Kugel formen. In vier Teile teilen und in Klarsichtfolie wickeln. Mindestens 1 Stunde im Kühlschrank ruhen lassen.

2. Inzwischen die Zwiebeln abziehen, fein würfeln und im Öl etwa 15 Minuten andünsten. Abkühlen lassen. Währenddessen die Milchsemmeln in feine Scheiben schneiden. Die Eier mit der Milch verquirlen, zu den Semmeln geben und etwas durchweichen lassen. Das Brät, das Hackfleisch und den Spinat sowie die Gewürze mit den Zwiebeln zu den Semmeln geben. Semmelbrösel nach Bedarf einrühren, bis sich eine streichfeste Masse ergibt.

3. Den Nudelteig auf einer bemehlten Arbeitsfläche möglichst dünn rechteckig ausrollen und in etwa 5 Zentimeter breite Streifen schneiden. Die Hälfte der Streifen mit Eiweiß bestreichen und im Abstand von 5 Zentimeter 1 gehäuften Esslöffel Füllung daraufgeben. Einen unbestrichenen Streifen auflegen und an den Stellen ohne Füllung zusammendrücken. Die Streifen in quadratische Maultaschen schneiden.

4. In einem möglichst großen Topf Salzwasser zum Kochen bringen. Die Maultaschen einlegen, die Hitze reduzieren und alles 10 Minuten leicht köcheln lassen. Die Maultaschen herausnehmen und in der heißen Fleischbrühe servieren.

Zubereitung der **Bratnockerl**

1. Die Schalotte abziehen und fein würfeln. Die Petersilie waschen und trocken schütteln. Die Blättchen abzupfen und fein hacken.

2. Die Butter leicht erwärmen und schaumig rühren. Nach und nach Semmelbrösel, Kalbsbrät, Ei, Schalottenwürfel, Petersilie und die Gewürze zugeben und unterrühren. Die Masse auskühlen lassen.

3. Mit einem nassen Teelöffel kleine Nocken abstechen und in die leicht kochende Fleischbrühe geben. Etwa 10 Minuten ziehen lassen und servieren.

Tipp Übrig gebliebene Einlagen lassen sich gut einfrieren.

Für die Maultaschen

Für den Teig

600 g doppelgriffiges Weizenmehl Type 405
4 Eier
8 Eigelb
1/2 TL Salz
1 TL Olivenöl
1–2 Eiweiß

Für die Füllung

2 große Zwiebeln
2 EL Öl
5 Milchsemmeln (2 Tage alt)
5 Eier
5 EL Milch
500 g Bratwurstbrät
100 g gemischtes Hackfleisch
1 Tasse fertig zubereiteter Spinat (tiefgefroren oder frisch)
Salz
frisch gemahlene Muskatnuss
gemahlener weißer Pfeffer
3–4 EL Semmelbrösel

Zubereitungszeit
1 Stunde 30 Minuten
Kühlen 35 Minuten

Für die Bratnockerl

1 Schalotte
1/2 Bund Petersilie
3 EL Butter
40 g Semmelbrösel
150 g Kalbsbrät
1 Ei
abgeriebene Schale von 1 Bio-Zitrone
frisch gemahlene Muskatnuss
Salz, Pfeffer

Zubereitungszeit 25 Minuten

Gulaschsuppe

Schützen-Festzelt
Claudia und Eduard Reinbold

Für 4 Portionen

400 g Rinderschulter
Salz, Pfeffer
200 g Zwiebeln
50 g Schweineschmalz
2 EL edelsüßes Paprikapulver
1 EL Tomatenmark
1,5 l Fleischbrühe
1 rote Paprikaschote
100 g Kartoffeln
2 Knoblauchzehen
abgeriebene Schale von 1 Bio-Zitrone
gemahlener Kümmel

Zubereitungszeit 30 Minuten
Garen 1 Stunde

1. Das Rindfleisch in kleine Würfel schneiden. Mit Salz und Pfeffer würzen. Die Zwiebeln abziehen und würfeln. Das Schmalz in einer Pfanne erhitzen und die Zwiebelwürfel darin glasig andünsten. Das Fleisch dazugeben und kurz mit andünsten.

2. Danach das Fleisch mit Paprikapulver bestreuen und das Tomatenmark einrühren. Kurz anrösten lassen, mit der Fleischbrühe auffüllen und alles aufkochen. 40 Minuten leise köcheln lassen.

3. Inzwischen die Paprika waschen, putzen und in Würfel schneiden. Kartoffeln schälen, putzen und ebenfalls würfeln. Die Kartoffel- und Paprikawürfel zum Fleisch geben und alles weitere 20 Minuten köcheln lassen.

4. Den Knoblauch abziehen, durch die Knoblauchpresse in die Suppe drücken und unterrühren. Die Suppe mit der Zitronenschale, 1 Prise Kümmel sowie Salz und Pfeffer abschmecken und servieren.

Bio-Wurstsalat

Hühner- und Entenbraterei Ammer
Josef und Elisabeth Schmidbauer

Für 4 Portionen
Für die Marinade
200 ml Bio-Sonnenblumenöl
100 ml Bio-Weinessig
ca. 1/2 TL Salz
Pfeffer aus der Mühle (nach Belieben)
1 Prise Zucker

Für den Salat
600 g Bio-Leberkäse
30 g Bio-Essiggurken
1 rote Bio-Zwiebel
1/2–1 Bund Bio-Schnittlauch

Zubereitungszeit 15 Minuten
Marinieren 30 Minuten

1. Die Zutaten für die Marinade mit etwas Wasser sorgfältig verrühren, bis das Öl in der Flüssigkeit sehr fein verteilt ist und sich das Salz komplett aufgelöst hat.

2. Leberkäse und Essiggurken in feine Streifen schneiden und vermengen. Die Marinade über die Leberkäse-Gurken-Mischung gießen. Mindestens 30 Minuten ziehen lassen.

3. Die Zwiebel abziehen und in feine Ringe schneiden. Den Schnittlauch waschen, trocken schütteln und in feine Röllchen schneiden. Den Wurstsalat mit dem Schnittlauch bestreuen und mit den Zwiebelringen garnieren.

Dazu passt dunkles Holzofenbrot.

Tipps Für einen Schweizer Wurstsalat schneiden Sie zusätzlich 100 Gramm würzigen Käse (z. B. Emmentaler oder Bergkäse) in feine Streifen und geben diese zur Leberkäse-Gurken-Mischung.
Der Leberkäse lässt sich auch gut durch andere Bio-Wurst ersetzen, beispielsweise durch Lyoner, Schinkenwurst oder Regensburger Würste.

Salatteller in Orangendressing mit gebratenen Putenstreifen

 Hühner- und Entenbraterei Wildmoser
Theres und Karl-Heinz Wildmoser

Für 8 Portionen

je 1 Lollo bianco und rosso
1 Kopfsalat
1 Chicorée
Salz, weißer Pfeffer, Zucker
300 ml Wasser
500 ml Öl
140 ml Essig (5 % Säure)
200 ml Orangensaftkonzentrat
400 g Putenbrust
Öl zum Anbraten

Zubereitungszeit 20 Minuten

1. Die Blattsalate gut waschen, trockenschleudern und putzen. Vom Chicorée den Strunk entfernen. Die Blätter klein zupfen und auf den Tellern schön anrichten.

2. Das Dressing aus den übrigen Zutaten, außer der Putenbrust, mischen und darübergeben. Das Öl in einer Pfanne erhitzen. Die Putenbrust in Streifen schneiden und rundherum anbraten. Auf dem Salat verteilen und diesen sofort servieren.

Stiftls Geflügelsalat mit Curry und Früchtecocktail

Stiftl-Festzelt
Lorenz Stiftl

Für 4 Portionen

120 g frisches Obst nach Wahl
(z. B. Weintrauben, Ananas, Orangen-
filets, Mandarinenfilets, Mango)
250 g gekochtes Hähnchenfleisch
2 EL Mayonnaise
150 g saure Sahne
2 EL Mandarinensaft
Salz, Pfeffer aus der Mühle
Currypulver
Kurkuma

Zubereitungszeit 15 Minuten

1. Das Obst waschen, putzen, wenn nötig entkernen und in mundgerechte Würfel schneiden. Das Hähnchenfleisch ebenfalls in mundgerechte Stücke schneiden.

2. Mayonnaise mit saurer Sahne und Mandarinensaft glatt verrühren. Mit Salz, Pfeffer und Curry würzen. So viel Kurkuma zufügen, bis die Salatsauce eine kräftige gelbe Farbe annimmt. Das Hähnchenfleisch in die Currysauce geben. Das gewürfelte Obst vorsichtig unter den Salat heben.

Der Schichtlin ihre Salatschüssel

Wirtshaus im Schichtl
Manfred Schauer

1. Den Schnittlauch waschen, trocken schütteln und in feine Röllchen schneiden. Aceto balsamico, Brühe, Senf, Salz, Pfeffer und den Schnittlauch mit dem Mixstab aufmixen und das Olivenöl dabei langsam einlaufen lassen.

2. Die Blattsalate putzen, waschen und trockenschleudern. Das Gemüse waschen, putzen, bei Bedarf schälen und in mundgerechte Stücke schneiden.

3. Das Fleisch zu Steaks in Scheiben schneiden. Die Pfanne auf drei Viertel der Herdskala erhitzen, dann das Öl oder Butterschmalz hineingeben. Die Steaks in die Pfanne legen und auf einer Seite anbräunen, bis an der Oberfläche Fleischsaftperlen austreten. Die Steaks wenden und anbräunen, bis wieder Saftperlen austreten. Jetzt ist das Steak zart rosa gebraten. Die Steaks in dünne Streifen schneiden.

4. Die Blattsalate in dem Balsamico-Dressing marinieren. Die Steakstreifen über die Blattsalate legen und mit dem vorbereiteten Gemüse dekorieren

Tipps Zum Braten des Fleischs eignen sich besonders Pfannen mit dickem Boden, denn diese halten die Hitze stabil.
Am besten ist es, die Steaks erst kurz vor dem Servieren in Streifen zu schneiden.

Für 2 Portionen

1/4 Bund Schnittlauch
4 EL Aceto balsamico
3 EL Brühe
1 TL mittelscharfer Senf
Salz, Pfeffer
4 EL Olivenöl (kaltgepresst)
200 g gemischte frische Blattsalate (Lollo rosso, Eichblatt, Kopfsalat, Rucola, Radicchio ... was das Herz begehrt)
50 g Cocktailtomaten
1/2 Gurke
1 Paprikaschote
1 Möhre
150 g Rinderlende, z. B. vom Herrmannsdorfer Almochsen (mindestens 2 Wochen am Knochen gereift)
1 EL Öl oder Butterschmalz

Zubereitungszeit 20 Minuten

Die Hochzeit

Wie schön, eine Hochzeit steht am Anfang der Wiesn-Tradition – und zwar eine bayerisch-preußische. Wer weiß das wohl von den Millionen Menschen, die sich Jahr für Jahr auf der Wiesn vergnügen, beim Schichtl zum Beispiel. Und wer weiß, wie viele Ehen auf der Wiesn ihren Anfang genommen haben.

Ludwig und Therese 1810

1810 heirateten der bayerische Kronprinz Ludwig – der spätere König Ludwig I., der die Glyptothek und die Pinakotheken hat bauen lassen – und Therese von und aus Sachsen-Hildburghausen. Politisch war die sächsische Prinzessin eher unbedeutend. Kaiser Napoleon, mit welchem Bayern in jenen Jahren verbündet war, hatte die Heirat vorgeschlagen, denn mit einem solchen Arrangement sollte die Annäherung der Wittelsbacher an andere europäische Königshäuser verhindert werden. Zuerst hatten Napoleon und Ludwigs Vater, der bayerische König Max Joseph, die Verbindung mit einer französischen Adligen erwogen. Der Kronprinz allerdings, der ein leidenschaftlicher Mensch war und dem diese politischen Überlegungen ohnehin unangenehm waren, mochte Napoleon eher wenig – obwohl Bayern von dem Bündnis mit ihm stark profitierte und mit Frankreichs Hilfe 1806 zum Königreich aufgestiegen war. Letztlich fiel die Wahl daher auf Therese. So war auch Ludwig zufrieden: Eine sächsische Braut war ihm allemal lieber als eine französische. Am 12. Oktober 1810 wurde das Paar in der Hofkapelle der Münchner Residenz getraut.

Fünf Tage wurde gefeiert

Die Hochzeitsfeierlichkeiten dauerten die folgenden fünf Tage an und erfassten die ganze Stadt. Die Bürger wurden zum Festessen eingeladen, und es gab Feuerwerke. Die Häuser waren festlich geschmückt – einige wurden sehr kunstvoll beleuchtet. Ein Ball wurde gegeben. Und die Münchner veranstalteten zu Ehren des Hochzeitspaares ein Pferderennen – aus dem dann das Oktoberfest wurde.

Therese aus Sachsen

Heutzutage mag man sich wundern, dass an Thereses »fremdländischer« Herkunft niemand Anstoß nahm. Schließlich war es ein Preiß', der – in Person der Therese – auf dem Oktoberfest zugegen war. Wir müssen ja die Sachsen auch als Preußen bezeichnen, so leid mir das für die Sachsen auch tut. Nur muss man sich das einmal in Relation vor Augen führen – in zeitlicher und in mengenmäßiger. Mit Thereses durchlaucht Familie zusammen ergaben sich vermutlich zehn, wahrscheinlich zwanzig, ja, nehmen wir einmal an: maximal dreißig Preußen! Darüber kann man sich schon freuen! Zumal wenn man's mit den Entwicklungen in der Gegenwart vergleicht, waren das 1810 doch recht moderate Zahlen, und das Ganze stellte möglicherweise eine durchaus erträgliche Situation dar. Heut hingegen ist's manchmal anders. Da kommen ja Hunderte – was sage ich – Tausende, Millionen von Preußen nach München, um die Wiesn zu besuchen. Naja, solang's hernach wieder heimgehen.

Ihr Manfred Schauer, d.S.v.d.W.

Das Rennen auf der Theresienwiese

Am 17. Oktober war es soweit. Das Pferderennen zu Ehren von Kronprinz Ludwig und seiner Braut Therese fand auf einer Wiese am Fuße des Sendlinger Berges statt. Zehntausende versammelten sich auf der angrenzenden Anhöhe, um dem Spektakel beizuwohnen. Unter dem Widerhall von Kanonenschüssen zog die königliche Herrschaft in Pferdewagen auf dem Gelände ein.

Bevor das Rennen begann, führte die Bürgerkavallerie die verschiedenen Trachten der neun Kreise Bayerns vor. Die gesamte königliche Familie und das Brautpaar verfolgten das Rennen von ihren Plätzen unter einem eigens zu diesem Zwecke aufgestellten Zelt aus. Dort fand auch die Siegerehrung statt. Erster wurde der Lohnkutscher und Nationalgardist Franz Baumgartner. Den dritten Platz machte der aus Landshut stammende Wirt und Pferdehändler Xaver Krenkl. – In München-Daglfing, wo sich seit 1902 die Trabrennbahn befindet, gibt es übrigens die Krenkl- wie auch die Schichtlstraße. – Wegen des großen Erfolgs beschloss die Stadt, das Rennen in jedem Jahr zur gleichen Zeit zu wiederholen. Die betreffende Wiese erhielt zu Ehren der Braut den schönen Namen »Theresienwiese«. Das Oktoberfest, oder besser

die Wiesn, war geboren! Am traditionellen Pferderennen hat man noch bis 1939 festgehalten.

Wer ko, der ko

Ja, der Xaver Krenkl, der ist wahrlich erinnerungswürdig. Folgende Begebenheit soll sich – wohl schon einige Jahre nach der ersten Wiesn – zugetragen hab'n: Da hat der Krenkl mit seiner Kutsche den König Ludwig, der langsamere Pferde vorgespannt hatte, einfach überholt. Daraufhin rief jener, wie man sich's erzählt, dem wagemutigen Pferdehändler zu: »Weiß Er nicht, dass das Vorfahren verboten ist?« Und Krenkl rief von seinem Kutschbock aus zurück: »Wer ko, der ko!« Bald darauf hatte Krenkl einen Abnehmer mehr für seine Pferde. Bei der folgenden Wiesn aber sei dem Krenkl auf seiner Kutsch'n

Therese und Ludwig, in der Mitte eine Impression vom Hochzeits-Pferderennen.

der Weg von den abfahrenden Hofkutschen abgeschnitten worden. Während er so vor sich hin fluchte, soll ihm der jetzt vorbeiziehende König Ludwig keck erwidert haben: »Krenkl, wer kann, der kann!«
Ihr Manfred Schauer, d.S.v.d.W.

Französische Traditionen

Ein Grund zu feiern waren damals – neben der Hochzeit – die guten Beziehungen zu den Franzosen, denen wir immerhin die Erfindung eines gewissen Herrn Guillotine verdanken. Und die gibt es seit 1869 auf der Wiesn zu bewundern – beim Schichtl.
Ihr Manfred Schauer, d.S.v.d.W.

Auf geht's beim Schichtl

Bis heute ein Höhepunkt unter den Schaustellungen und eine Institution auf der Wiesn ist das Hinrichtungsspektakel beim Schichtl. Wer hier nicht reingeschaut hat, der darf eigentlich gar nicht behaupten, jemals auf der Wiesn gewesen zu sein. Das wäre in der Tat wie eine Hochzeit ohne Braut oder eine Beerdigung ohne Toten.

Schichtls Parade

Im Schichtl-Kabinett wird seit jeher wirklich Besonderes geboten. Die Parade, ein kostenloses Vorprogramm mit derben Späßen und Musik, das immerhin so um die sieben Minuten dauert, lockt die Schaulustigen vor der »Kulturvollzugsanstalt« in die Vorstellung. Hier lernt man schon mal die verschiedenen Mitglieder der Truppe kennen, zum Beispiel die berühmte dicke Frau. Und auch der Schichtl persönlich tritt auf – in Lederhose, Uniformjacke, Zylinder und chronisch guter Laune.

Heute Hinrichtung

Drinnen bietet sich dem Besucher dann ein ganz einzigartiges Szenario. Nach einer Zauber- und Komiknummer folgt der »Serpentinen- oder Schmetterlingstanz«. Diesen gibt es seit 1912 beim Schichtl, und doch wurde er erst vor wenigen Monaten in dem intellektuellen Hochleistungsnepp DSDS als absolut neue Einmaligkeit in Deutschland präsentiert. Sachen gibt's! Anschließend wird dann zur »Enthauptung einer lebendigen Person auf offener, hell erleuchteter Bühne« geschritten. An der Guillotine Mitwirkende sind der Henker, sein Henkersknecht und die schöne, aber grausame Schichtlin. Die blutigeren Aufgaben werden von dem Henker und seinem Knecht durchgeführt. Dem Hinrichtungskandidaten – früher gehörte dieser zur Truppe dazu und meldete sich stets »freiwillig« aus dem Publikum – wird eine schwarze Mütze über den Kopf gezogen, und ihm werden die Augen verbunden. Dann wird der Bemitleidenswerte an ein Brett geschnallt, mit diesem horizontal gekippt und unter das Fallbeil geschoben. Nach einigen Erläuterungen saust das Fallbeil herab. Der abgeschlagene, allerdings aus Rücksicht auf das Publikum schwarz verhüllte Kopf wird den Zuschauern anschließend auf einem Teller serviert, von dem rote Farbe – echtes Blut – herabrinnt. An dem Holzkopf waren früher die Gurgel und Halswirbel des jeweils Dekapituierten festgenagelt, die von den Zuschauern begutachtet werden konnten. Böse Zungen behaupten, es habe sich nur um Schlachtabfälle gehandelt. Heute gibt es den Anblick der Gurgel auch noch, und wie eh und je wird der Kopf auch wieder aufgesetzt.

Gar schaurig wird's

Heute ist Manfred Schauer der Inhaber des Schichtl-Theaters. 1985 hat er es übernommen. Und 2001 auch die Gastronomie im »Wirtshaus im Schichtl«. Aufgewachsen ist Manfred Schauer im schönen Münchner Stadtteil Sendling – also eigentlich fast auf der Wiesn. Den Großteil seiner Kinderzeit hat er wohl in den Hallen des Münchner Großmarktes an der Thalkirchner Straße verbracht, denn seine Eltern waren hier im Großhandel tätig. Fast täglich hieß es für den Sendlinger Bub daher in aller Herrgottsfrüh aufstehn, ab zur Großmarkthalle und den Eltern helfen, später – so um fünfe – noch mal kurz schlafen und um acht Uhr gleich weiter in die benachbarte Gotzinger Schule.

Später ist Manfred Schauer dann selbst in der Großmarkthalle tätig gewesen. 1976 hat er sich selbständig gemacht und war dann 29 Jahre im Blumengroßhandel unterwegs. Bis 2005 hat er die Beschäftigung im Großmarkt und das Schichtl-Kabinett parallel betrieben. Seit 2006 konzentriert er sich ganz und gar auf die Wiesn-Unternehmung und wirkt unterm Jahr als Veranstalter von allen möglichen Festivitäten. »Nix, was der Mensch braucht, aber alles, was Freude macht«. Den Schichtl hat Manfred Schauer noch berühmter und vielleicht auch ein bisserl berüchtigt gemacht.

Prominenz beim Schichtl

Zahlreiche Prominente konnte er dazu animieren, sich hier seinem Todesurteil zu beugen und sich vor den Augen des Publikums köpfen zu lassen: Ob Heiner Lauterbach, Roger Moore, Reinhard Fendrich, David Copperfield, Münchens Oberbürgermeister Georg Kronawitter und Christian Ude, Christine Neubauer, Edmund Stoiber, F. J. Strauß und einmal sogar vierzehn Thai-Mönche in ihren gelben Gewändern – alle kamen sie. Jupp Heinckes verwettete seinen Kopf auf der Wiesn, und Herzspezialist Bruno Reichart machte auf dem Schafott Werbung für Organspenden. 1990 durfte das Kabinett von der »Straße 1«, der Verbindung zwischen »Schaustellerstraße« und »Wirtsbudenstraße«, in die doppelt so breite und noch besser besuchte »Schaustellerstraße« umziehen – ein wichtiger Meilenstein für das Unternehmen. Wegen seines Engagements für den Schichtl wurde Manfred Schauer von der Süddeutschen Zeitung 1993 als »der große Schausteller vom Oktoberfest« tituliert.

Manfred Schauer ist als Schichtl von der Wiesn seit über 25 Jahren eine Institution auf dem Münchner Oktoberfest.

 Liebe Oktoberfest-Besucherinnen und -Besucher,

sehr geehrte Münchnerinnen und Münchner, verehrte Mitarbeiterinnen und Mitarbeiter, hochgeschätzte Proletarierinnen und Proletarier, Grüß Gott Landwirtinnen und Landwirte, Achtung ihr Einbrecherinnen und Einbrecher … Das stimmt fast alles, was da steht über mich.

Ihr Manfred Schauer, d.S.v.d.W.

 Hereinspaziert!

Mit deftigen, aber durchaus schmeichelnden Worten empfing mein Vorgänger, der Michael August Schichtl, sozusagen der Prototyp eines echten Varietétheater-Direktors, die Besucher – zum Beispiel auf der Wiesn von 1910: »Edle, wohlriechende Landbewohner, heut am Oktoberfest-Sonntag ist Euer Ehrentag, und ich, Michl August Schichtl, hab deshalb speziell für Euch eine Reihe von Ehrenvorstellungen arrangiert, zu denen nur Ihr und Eure Weiber und Kinder, Vettern und Basen Zutritt habt's. D'Münchner lass' i heut gar net rein. Da müaßt's Respekt haben vor mir, was! […] Rei' da, bei mir holt Euch der Teufi nüachtern, da spart's Enkerl [Euer] Geld für d'Märzenbierräusch.«

Ihr Manfred Schauer, d.S.v.d.W.

Das Oktoberfest,
offizieller Ausstatter
echt bayerischer Lebensfreude

Manfred Schauer, d.S.v.d.W.

Schmankerl

Mein Jubiläumshendl

Dr. Gabriele Weishäupl
Münchner Tourismusdirektorin und Festleiterin des Oktoberfests

Für 2 Portionen

1 Hendl bester Qualität (Bio)
Salz, Pfeffer
edelsüßes Paprikapulver
1 Bund glatte Petersilie
125 g Butter

Zubereitungszeit 15 Minuten
Garen 1 Stunde
Ruhen 10 Minuten

1. Den Backofen auf 180 °C (160 °C Umluft) vorheizen. Das Hendl mit kaltem Wasser waschen und trockentupfen. Salz und Pfeffer mit etwas Paprikapulver mischen und das Hendl innen und außen damit einreiben.

2. Die Petersilie waschen und trocken schütteln. Die Blättchen abzupfen und zusammen mit einem walnussgroßen Stück Butter in das Hendl geben. Die restliche Butter zum Bestreichen in einer Pfanne zerlassen.

3. Das Hendl mit der Brust nach oben auf den Grillrost (oder in eine Bratreine) legen und mit etwas Butter bestreichen. Im heißen Backofen (2. Schiene von unten) 45 Minuten schonend garen. Wenn das Hendl auf dem Rost liegt, auf die unterste Schiene des Ofens eine Fettpfanne schieben, um das abtropfende Fett aufzufangen. Das Hendl während der Garzeit immer wieder mit dem eigenen Saft oder mit etwas flüssiger Butter begießen.

4. Zum Schluss den Backofen für etwa 15 Minuten auf höchste Stufe schalten, damit das Hendl eine knusprige Haut bekommt. Nach Fertigstellung 10 Minuten ruhen lassen und dann servieren.

Dazu schmeckt natürlich eine resche Brezn.

Franziskaner Tatar

Schützen-Festzelt
Claudia und Eduard Reinbold

Für 4 Portionen

1/2 Schalotte
1 TL Kapern
1–2 Sardellenfilets
1/2 kleine Essiggurke
600 g Rinderoberschale, schier
4 Eigelb
1 TL edelsüßes Paprikapulver
1 Spritzer Tabasco
Salz, Pfeffer

Zubereitungszeit 20 Minuten

1. Die Schalotte abziehen und fein würfeln. Die Kapern, Sardellenfilets und Essiggurke fein hacken.

2. Die Rinderoberschale in Stücke schneiden und durch die feine Scheibe des Fleischwolfs drehen oder das Fleisch mit einem Messer in kleine Stücke schneiden und anschließend sehr fein hacken.

3. Zunächst das Eigelb mit dem Fleisch vermengen. Danach die vorbereiteten Zutaten und die Gewürze mit einer Gabel locker unter das Fleisch mischen. Durch das Vermengen mit einer Gabel wird Sauerstoff unter das Fleisch gerührt und es behält seine schöne rote Farbe.

4. Das Tatar auf Teller verteilen – sehr attraktiv sieht es aus, wenn man dazu einen Eisportionierer verwendet – und sofort servieren.

Zum Tatar reicht man Toast oder geröstetes Bauernbrot.

Tipp Verfeinern Sie das Tatar nach Belieben noch mit einem Schuss Cognac oder Calvados.

Zweierlei Matjesfilet

Kufflers Weinzelt
Roland, Doris und Stephan Kuffler

1. Den Joghurt mit Sahne oder Crème fraîche glatt rühren und mit Salz, Pfeffer, 1 Prise Zucker und etwas Zitronensaft abschmecken. Die Äpfel schälen, vom Kerngehäuse befreien, vierteln und in dünne Scheiben schneiden. Die Essiggurken nach Belieben schälen, längs halbieren und ebenfalls in dünne Scheiben schneiden. Zusammen mit den Äpfeln unter die Joghurtsauce geben.

2. Die Zwiebel abziehen und in feine Ringe schneiden. Das Matjesfilet auf einem Teller anrichten und zur Hälfte mit der Sauce bedecken. Die roten Zwiebelringe dekorativ darauf anrichten.

3. Für das Tatar die Zwiebel abziehen und fein würfeln. Das Matjesfilet ebenfalls in feine Würfel schneiden. Den Dill waschen und trocken schütteln. Die Blättchen abzupfen und fein hacken. Die Salatgurke schälen und in feine Scheiben schneiden.

4. Matjes- und Zwiebelwürfel mischen. Mit etwas Olivenöl, Zitronensaft und gemahlenem Pfeffer abschmecken. Einen großen Teller mit den Gurkenscheiben auslegen. Das Tatar auf den Gurkenscheiben anrichten und mit Dill bestreuen.

Mit frischem Schwarzbrot servieren.

Tipp Dazu passt gut eine mit etwas Salz und Pfeffer gewürzte Crème fraîche, der frische Schnittlauchröllchen untergemischt werden.

Für 2 Personen

Für die Matjes mit Sauce nach Hausfrauenart
100 g Joghurt
50 g Sahne (oder Crème fraîche)
Salz, Pfeffer
Zucker
Zitronensaft
2 Äpfel (z. B. Golden Delicious)
4 Essiggurken
1/2 rote Zwiebel
1 Matjes-Doppelfilet

Für das herzhafte Matjestatar auf Gurkencarpaccio
1 rote Zwiebel
1 Matjes-Doppelfilet
1/2 Bund Dill
1/2 Salatgurke
Olivenöl
Zitronensaft
Pfeffer aus der Mühle

Zubereitungszeit 20 Minuten

Spanferkel auf mitgebratenem Gemüse

Winzerer Fähndl (Paulaner Festhalle)
Arabella und Peter Pongratz

1. Den Backofen auf 200 °C Ober-/Unterhitze vorheizen (Umluft ist nicht empfehlenswert). Den Knoblauch abziehen und fein hacken. Die Spanferkelhaut regelmäßig über die Oberfläche verteilt leicht anstechen. Das Fleisch mit Knoblauch, Kümmel, Salz und Pfeffer einreiben.

2. Die Schalotten abziehen. Möhren und Sellerie waschen, putzen, schälen und in grobe Stücke schneiden.

3. Das Fleisch in einem Bräter in etwas Öl anbraten, Schalotten hinzufügen und alles im Ofen (Mitte) 30 Minuten garen.

4. Dann das Fleisch herausnehmen, das restliche Gemüse mit einem Schuss Bier in den Bräter geben. Das Fleisch mit der Schwarte nach oben auf das Gemüse setzen. Eventuell etwas Wasser hinzufügen und das Ganze für weitere 40 Minuten im Ofen garen. Zwischendurch das Fleisch mit Bier begießen. Den Bräter dann aus dem Ofen nehmen und das Fleisch zum Ruhen herausheben.

5. Nach 30 Minuten den Ofen wieder auf 220 °C vorheizen. Das Fleisch – Schwarte wieder nach oben – auf einen Rost setzen und für 15 Minuten in den Ofen geben, damit die beliebte Kruste entstehen kann.

6. Das Gemüse mit der Bratensauce in einen Topf geben, salzen, pfeffern und auf dem Herd in 10 Minuten fertig garen. Das Gemüse nochmals mit Salz, Pfeffer und etwas Bier abschmecken. Das Spanferkel in Scheiben schneiden und mit dem Gemüse anrichten.

Für 4 Portionen

2 Knoblauchzehen
1 kg Spanferkelschulter
Kümmel
Salz, Pfeffer
5 Schalotten
3 Möhren
300 g Sellerie
Öl zum Braten
250 ml helles Bier
700 ml Bratensauce

Zubereitungszeit 30 Minuten
Garen 1 Stunde 25 Minuten
Ruhen 30 Minuten

Münchner Sauerbraten

Hofbräu-Festzelt
Familie Steinberg

Für 4 Portionen

2 Zwiebeln
1 Bund Suppengrün
300 ml Rotweinessig
200 ml Rotwein
Salz
Pfefferkörner
etwas Thymian
4 Wacholderbeeren
2 Nelken
2 Lorbeerblätter
1 kg Rinder-Meisel oder oberer Schlegel
3 EL Öl
3 EL Tomatenmark
Mehl zum Abbinden
Pfeffer

Zubereitungszeit 35 Minuten
Marinieren 2 Tage
Garen 1 Stunde

1. Die Zwiebeln abziehen und vierteln. Das Suppengrün putzen, schälen und in Stücke schneiden. Rotweinessig, Rotwein, 400 Milliliter Wasser, Zwiebeln, Suppengrün und die Gewürze zusammen aufkochen. Etwas abkühlen lassen und das Fleisch darin einlegen. Mit einem Tuch bedeckt 2 Tage kühl stellen.

2. Das Fleisch herausnehmen und gut abtropfen lassen. Die Zwiebeln aus dem Sud fischen und klein schneiden. Das Fleisch in heißem Öl auf allen Seiten anbraten. Die Zwiebeln zugeben und mitbraten. Das Tomatenmark zugeben und anrösten.

3. Mit der Beize ablöschen und etwa 1 Stunde dünsten. Falls das Fleisch nicht komplett mit der Beize bedeckt ist, immer wieder begießen und wenden. Anschließend das Fleisch herausnehmen und auf einem Rost im Backofen warm stellen.

4. Die Sauce durch ein feines Sieb passieren und in einem Topf aufkochen lassen. Mit Mehl abbinden und mit Salz und Pfeffer abschmecken.

Dazu passen einfache Spätzle (Zubereitung siehe Seite 98).

Hirschgulasch

Kufflers Weinzelt
Roland, Doris und Stephan Kuffler

Für 3–4 Personen

7 Zwiebeln (350 g)

500 g Hirschgulaschfleisch, aus der Schulter geschnitten

neutrales Öl zum Braten

1 Stück Speckschwarte

2 EL Tomatenmark

2 EL Preiselbeeren

500 ml Rotwein

500 ml Wildfond (oder kräftige Rinderbrühe)

2 Lorbeerblätter

4 Wacholderbeeren

4 Nelken

2 Handvoll frische Steinpilze

1 EL Butter

1 EL gehackte Petersilie

Zubereitungszeit 45 Minuten

Garen 1 Stunde 10 Minuten

1. Die Zwiebeln abziehen und fein würfeln. Das Fleisch in etwas Öl zusammen mit der Speckschwarte kräftig anbraten. Zwiebelwürfel dazugeben und mitbraten, bis sie Farbe bekommen. Das Tomatenmark und die Preiselbeeren zugeben. Mit dem Rotwein in mehreren Etappen ablöschen und jeweils einköcheln lassen, bis das Tomatenmark und die Beeren eine dunkle Farbe bekommen haben.

2. Den Wildfond angießen und alles bei geringer Hitze langsam in etwa 1 Stunde weich köcheln lassen. Nach 40 Minuten die Gewürze in einem Gewürzsäckchen oder einem Tee-Ei dazugeben.

3. Wenn das Fleisch weich ist, aus der Sauce nehmen, ebenso die Speckschwarte und die Gewürze. Die Sauce weitere 5 bis 10 Minuten offen köcheln lassen, um sie zu reduzieren. Dadurch wird sie sämiger. Das Fleisch wieder hineinlegen und erhitzen.

4. Inzwischen die Steinpilze putzen und feinblättrig schneiden. Die Butter in einer Pfanne erhitzen und die Steinpilze darin andünsten. Mit gehackter Petersilie bestreuen. Die Pilze auf dem angerichteten Gulasch verteilen.

Mit Spätzle oder Semmelknödeln auf den Tisch bringen (Rezepte auf Seite 96, 98 und 82).

Tipp Als Beigabe empfiehlt sich eine halbe gekochte Birne, die mit einem Löffel Preiselbeeren gefüllt ist.

Putenkeule vom Rost mit Kartoffel-Gurken-Salat

Festhalle Schottenhamel
Christian und Peter Schottenhamel

1. Den Backofen auf 170 °C (Umluft 150 °C) vorheizen. Die Möhren und den Sellerie schälen, putzen und in Stücke schneiden. Lauch waschen, putzen und ebenfalls in Stücke schneiden. Die Zwiebeln abziehen und in Stücke schneiden. Die Putenoberkeulen mit Salz und Pfeffer würzen. In einem Bräter das Öl erhitzen und das Fleisch darin beidseitig anbraten. Das Gemüse dazugeben, mit Rotwein und 500 Milliliter Brühe ablöschen. Lorbeer, Wacholder und Rosmarin dazugeben. Alles im Backofen (Mitte) mit der Hautseite nach oben etwa 1 Stunde garen.

2. Inzwischen für den Kartoffel-Gurken-Salat die Kartoffeln in der Schale mit etwas Kümmel in Salzwasser garkochen. Währenddessen die Zwiebel abziehen und fein würfeln. In 1 Esslöffel Öl anschwitzen, mit der Brühe aufgießen und aufkochen lassen. Mit Essig, Senf, Salz, Pfeffer und Zucker abschmecken. Es darf ruhig etwas überwürzt sein. Die Kartoffeln nehmen noch viel Geschmack weg.

3. Die Gurke schälen, längs halbieren und das Kerngehäuse mit einem Esslöffel ausschaben. In etwa 5 Millimeter breite Halbmonde schneiden und leicht einsalzen. Kartoffeln heiß schälen und warm in Scheiben schneiden. Drei Viertel der heißen Marinade über die Kartoffeln geben und etwa 15 Minuten ziehen lassen.

4. Das restliche Öl und nach Bedarf den Rest der Marinade (sollte nicht zu flüssig sein) dazugeben. Die abgetropften Gurken untermengen. Den Schnittlauch waschen, trocken schütteln und in Röllchen schneiden. Den Salat damit garnieren.

5. Restliche Brühe zum Fleisch geben und alles 20 Minuten weitergaren. Um dem Braten gegebenenfalls noch mehr Farbe und Kruste zu geben, den Ofen 10 Minuten vor Ende der Bratzeit auf 220 °C (Umluft 200 °C) schalten. Das Fleisch herausnehmen, kurz ruhen lassen. Die Sauce passieren und mit der Butter aufmontieren (nach und nach die Butter in Stückchen mit dem Schneebesen einrühren, wodurch die Sauce leicht bindet). Die Sauce mit Salz, Pfeffer und etwas Zucker abschmecken.

Für 4 Portionen

Für die Putenkeule

200 g Möhren
200 g Sellerie
200 g Lauch
200 g Zwiebeln
2 kg Putenoberkeulen (mit Knochen gewogen), entbeint
Salz, Pfeffer
2 EL Öl
100 ml Rotwein
1 l Rinderbrühe (oder Gemüsebrühe)
2 Lorbeerblätter
1 TL Wacholderbeeren
1 Rosmarinzweig
80 g eiskalte Butter
Zucker

Für den Kartoffel-Gurken-Salat

800 g Kartoffeln »Ditta«
Kümmel
Salz
1 Zwiebel
90 ml Sonnenblumenöl (oder Rapsöl)
500 ml Rinderbrühe
100 ml Vollwürzessig (5 % Säure)
50 g mittelscharfer Senf
Pfeffer
Zucker
1 Salatgurke
1/4 Bund Schnittlauch

Zubereitungszeit 1 Stunde 20 Minuten
Garen 20 Minuten

Ochsenbackerl an kräftiger Rotweinsauce

Ochsenbraterei (Spatenbräu-Festhalle)
Hermann und Anneliese Haberl, Antje Schneider

Für ca. 8 Portionen

2 kg Backerlfleisch (beim Metzger vorbestellen)

Salz, schwarzer Pfeffer aus der Mühle

Mehl zum Bestäuben

Sonnenblumenöl zum Braten

300 g Röstgemüse (Möhren, Lauch (das Weiße), Knollensellerie, evtl. etwas Petersilienwurzel)

500 g Zwiebel

50 g Butter

500 g Fleischknochen (walnussgroß gehackt)

1 EL Tomatenmark

500 ml kräftiger Rotwein

500 ml Fleischbrühe

120 g Meerrettichwurzel

1 Bouquet garni (Petersilie, Thymian, Lorbeer)

1–2 EL Rotweinessig

gemahlener Kümmel

Zubereitungszeit 45 Minuten
Garen 2 Stunden 30 Minuten

1. Die Ochsenbackerl parieren (mit einem scharfen Messer von Muskelhäutchen, Sehnen und Fett befreien) und mit Salz und Pfeffer würzen. Mit Mehl leicht bestäuben und in einem Bräter mit wenig Öl etwa 10 Minuten gleichmäßig anbraten. Das Fleisch herausnehmen und das restliche Bratfett abgießen.

2. Das Röstgemüse putzen, schälen und in Stücke schneiden. Zwiebeln abziehen und grob würfeln. Die Butter im Bräter erhitzen und darin Fleischknochen, Zwiebelwürfel und Röstgemüse kräftig anbraten. Das Tomatenmark einrühren und anrösten. Mit etwa 50 Milliliter Rotwein ablöschen und den Wein einkochen lassen.

3. Backofen auf 180 °C (Umluft 160 °C) vorheizen. Das Fleisch zu Knochen und Gemüse in den Bräter legen, diesen in den Ofen (oben) schieben und den Fond in weiteren drei bis vier Schritten mit dem Wein ablöschen. Diesen jeweils einkochen lassen, bevor die nächste Portion zugegossen wird.

4. Zum Schluss etwas Fleischbrühe angießen, die geschälte und in kleine Stücke geschnittene Meerrettichwurzel und das Bouquet garni zufügen. Die Ochsenbackerl im Backofen (Mitte) 2 Stunden bis 2 Stunden 30 Minuten garen. Sobald der Fleischsaft dicklich wird, immer wieder etwas Brühe angießen.

5. Das Fleisch herausnehmen. Die Schmorsauce mit Rotweinessig und 1 Messerspitze Kümmel sowie mit Salz und Pfeffer abschmecken und durch ein feines Sieb passieren. Das Fleisch mit der Sauce anrichten.

Bayerische Spareribs

Winzerer Fähndl (Paulaner Festhalle)
Arabella und Peter Pongratz

Für 4 Portionen

Für die Spareribs

Salz
geschroteter schwarzer Pfeffer
gerebelter Oregano
4 EL scharfer Senf
100 ml Öl und etwas Öl für das Blech
3 kg Spareribs
500 ml Bier

Für die Sauce

1 Knoblauchzehe
300 g Tomatenketchup
150 g Apfelmus
80 ml Bratensauce
Salz, Pfeffer
1/2 TL Currypulver
1 TL Chiliflocken
1 EL Sojasauce
1 EL Aceto balsamico

Zubereitungszeit 25 Minuten
Garen 1 Stunde 20 Minuten

1. Den Backofen auf 160 °C (Umluft 145 °C) vorheizen. Salz, Pfeffer, Oregano, Senf und Öl verrühren und die Spareribs damit einreiben. Ein tiefes Backblech mit etwas Öl bestreichen und die Spareribs darauflegen. 250 ml Bier darübergießen. Im Backofen (Mitte) etwa 1 Stunde 20 Minuten garen.

2. Nach 40 Minuten das restliche Bier dazugeben. Bei Bedarf noch etwas Wasser angießen, damit das Backblech feucht bleibt.

3. Für die Sauce den Knoblauch abziehen und fein hacken. Tomatenketchup, Apfelmus und Bratensauce in einem Topf mischen, eventuell etwas Wasser zum Verdünnen dazugeben. Mit Knoblauch, Gewürzen, Sojasauce und Aceto balsamico nach eigenem Gusto abschmecken und kurz erwärmen.

4. Die Spareribs aus dem Ofen nehmen, mit etwas Sauce bestreichen, zerteilen und servieren. Die restliche Sauce dazu reichen.

Dazu schmecken knusprige Kartoffeln und Salat.

Ochsenfilet an Pfeffersauce

Ochsenbraterei (Spatenbräu-Festhalle)
Hermann und Anneliese Haberl, Antje Schneider

1. Den Backofen auf 120 °C Ober-/Unterhitze vorheizen (Umluft ist nicht empfehlenswert). Das Ochsenfilet entsehnen (Silberhaut entfernen), mit Salz und Pfeffer würzen und mit wenig Öl gleichmäßig anbraten. Das Filet im Ofen (Mitte) etwa 30 bis 40 Minuten garen, bis man beim Anfassen und leichtem Drücken einen angenehmen Widerstand feststellt. Das Fleisch in Alufolie wickeln und bei etwa 58 °C bis zum Servieren ruhen lassen.

2. Für die Sauce das Röstgemüse abziehen bzw. schälen, putzen und in Würfel schneiden. Die Fleischknochen und den Pfefferschrot im Öl schön braun anbraten, Röstgemüse und Tomatenmark dazugeben und mitrösten. Danach mit etwas Rotwein ablöschen und einkochen lassen. Diesen Schritt drei bis vier Mal wiederholen.

3. Mit Fleischbrühe zur gewünschten Menge auffüllen, das Bouquet garni hinzufügen und mit Salz, Pfeffer und Thymian abschmecken. Etwas köcheln lassen, dann durch ein Haarsieb streichen. Die Sahne hinzufügen und nach Belieben mit einem Schuss Cognac abschmecken.

Original Wiesn-Beilage: Kartoffelgratin, Brokkoli und Schmelztomate

Tipp Wenn die Sauce noch nicht sämig genug ist, kann sie mit einer rohen, fein geriebenen Kartoffel abgebunden werden.

Für 8 Portionen

1 Ochsenfilet (1,5–1,6 kg)
Salz, schwarzer Pfeffer aus der Mühle
Öl zum Anbraten
200 g Mirepoix (Röstgemüse bestehend aus Zwiebeln, Möhre, Sellerie, Lauch)
500 g Rinder-Fleischknochen, walnussgroß gehackt
20 g schwarzer Pfeffer, grob geschrotet
Sonnenblumenöl zum Anbraten
1 TL Tomatenmark
500 ml kräftiger Rotwein
ca. 500 ml Fleischbrühe nach Bedarf
1 Bouquet garni (Petersilie, Thymian, Lorbeer)
Thymian
50 g Sahne
Cognac (nach Belieben)

Zubereitungszeit 45 Minuten
Garen ca. 40 Minuten

Geschmortes Lammhaxerl in Rosmarinjus

Festhalle Pschorr-Bräurosl
Renate und Georg Heide

Für 4 Portionen

4 Lammhaxerl (à ca. 180 g)
3 EL Öl
1 Knoblauchzehe
Salz, Pfeffer
1 TL gemahlener Rosmarin
2 EL Mehl
250 ml heiße Fleischbrühe
250 ml Rotwein
125 g Sahne

Zubereitungszeit 40 Minuten

1. Die Lammhaxerl mit kaltem Wasser abspülen und trockentupfen. Das Öl in einem Topf erhitzen, die Lammhaxerl hinzugeben und rundherum gut anbraten.

2. Die Knoblauchzehe abziehen, mit etwas Salz zerdrücken und in den Topf geben. Mit etwas Pfeffer und dem Rosmarin würzen. Das Mehl darüberstäuben und alles 5 Minuten unter Rühren anbraten.

3. Die heiße Fleischbrühe dazugießen und alles etwa 20 Minuten zugedeckt schmoren lassen. Rotwein und Sahne mischen und unter die Sauce rühren. Mit Salz, Pfeffer und Rosmarin abschmecken.

Dazu passen Bratkartoffeln und Gemüse.

Tagliatelle mit feinem Hähnchen-Pilz-Ragout

Hühner- und Entenbraterei Wildmoser
Theres und Karl-Heinz Wildmoser

Für 4 Portionen

200 g frische Champignons
1 Zwiebel
1 EL Öl
200 ml Hühnerbrühe
200 g Sahne
500 g Tagliatelle
Salz
500 g ausgelöstes Hähnchenfleisch
4 Stängel Petersilie
4 EL trockener Weißwein
Pfeffer
frisch gemahlene Muskatnuss

Zubereitungszeit 25 Minuten

1. Die Champignons putzen und klein schneiden. Die Zwiebel abziehen und fein würfeln. Das Öl in einer Pfanne erhitzen und die Champignons und Zwiebeln darin andünsten. Brühe und Sahne dazugeben und einköcheln lassen.

2. Inzwischen die Tagliatelle in kochendem Salzwasser nach Packungsangabe bissfest garen. Währenddessen das ausgelöste Hähnchenfleisch klein schneiden. Die Petersilie waschen und trocken schütteln, die Blättchen abzupfen und fein hacken.

3. Die Sauce mit Weißwein, Salz, Pfeffer und Muskatnuss abschmecken. Das Hähnchenfleisch dazugeben und untermischen. Die Nudeln auf vier Teller geben und die Sauce darauf verteilen. Mit der gehackten Petersilie bestreuen.

Tipp Mit diesem Rezept lassen sich beispielsweise sehr gut die Reste eines Brathähnchens vom Vortag verwerten.

Schweinekrustenbraten mit Krautsalat

Wirtshaus im Schichtl
Manfred Schauer

1. Backofen auf 160 °C (Umluft 140–150 °C) vorheizen. Das Schmorgemüse waschen, putzen, schälen bzw. abziehen und in etwa 3 Zentimeter große Würfel schneiden. Das geschnittene Gemüse in eine Bratreine geben. Den Knoblauch abziehen und fein würfeln.

2. Die Schweineschulter gut mit Salz, Pfeffer, Knoblauch und Kümmel einreiben, auf das Schmorgemüse legen und etwas Wasser zugießen. Den Braten im Ofen (Mitte) unter häufigem Begießen mit Dunkelbier in etwa 1 Stunde 45 Minuten weich dünsten (am besten gelingt das im Dampfgarer).

3. Inzwischen für den Krautsalat das Weißkraut putzen, den Strunk entfernen und das Kraut in dünne Streifen schneiden. Mit 1 Liter kochendem Wasser übergießen und 20 Minuten ziehen lassen. Danach abgießen. Das Kraut mit Essig, Öl, Kümmel, Salz, Pfeffer und 1 Prise Zucker abschmecken. Je nach Wunsch die Speckwürfel in einer heißen Pfanne anbraten und unter das Kraut mengen.

4. Das Fleisch aus der Reine nehmen, das Schmorgemüse mit 500 Milliliter Wasser aufkochen und durch ein Sieb passieren. Je nach Geschmack mit Salz und Pfeffer nachwürzen. Die Kruste im Ganzen vom Braten trennen und ein paar Minuten im Backofen bei 160 °C Oberhitze knusprig werden lassen. Den Schweinekrustenbraten mit dem lauwarmen Krautsalat servieren.

Dazu passen Kartoffelknödel (Rezept auf Seite 82).

Für 4 Portionen

Für den Braten

500 g Schmorgemüse (Sellerie, Möhren, Zwiebel, Kartoffel)

1 Knoblauchzehe

1 kg dicke Schulter (Schwein), z. B. von der Herrmannsdorfer Bio-Sau

Salz, Pfeffer

Kümmel

750 ml Dunkelbier

Für den Krautsalat

500 g Weißkraut

4 EL Essig

8 EL Öl

1 TL Kümmel

Salz, Pfeffer

Zucker

100 g Speckwürfel (nach Belieben)

Zubereitungszeit 1 Stunde 20 Minuten
Garen 45 Minuten

Boeuf à la mode

Augustiner-Festhalle
Manfred Vollmer

1. Für die Beize die Zwiebel abziehen und würfeln. Das Wurzelgemüse putzen, schälen und würfeln. Mit den übrigen Zutaten und 750 Milliliter Wasser mischen. Das Rindfleisch etwa 3 Tage in die Beize einlegen.

2. Das Fleisch aus der Beize nehmen und mit einem Küchentuch trockentupfen. Das Fett in einer Pfanne erhitzen und das Fleisch darin rundherum anbraten. Die Beize mit dem Wurzelgemüse in einem Topf zum Kochen bringen.

3. Das angebratene Fleisch in die kochende Flüssigkeit geben und 1 Stunde bis 1 Stunde 30 Minuten leicht köcheln lassen. Das Fleisch herausnehmen und die Beize durch ein feines Sieb abseihen.

4. Für die Sauce das Öl erhitzen. Zucker und Mehl dazugeben und anschwitzen. Mit Rotwein ablöschen. 500 Milliliter Beizflüssigkeit nach und nach unterrühren. Die Sauce durch ein feines Sieb passieren und nach Belieben mit Pfeffer würzen sowie mit Saucen-Lebkuchen abbinden und mit Lebkuchengewürz abschmecken. Das Fleisch mit der Sauce anrichten.

Dazu schmecken Kartoffelknödel (Rezept auf Seite 82).

Tipp Kochen Sie die Beize im Sommer ab, bevor Sie das Fleisch einlegen.

Für 4 Portionen

Für die Beize
1 Zwiebel
1 Bund Wurzelgemüse
Salz
200 ml Essig
2 Nelken
3–4 Pfefferkörner
1 Lorbeerblatt
5 Wacholderbeeren

Für Braten und Sauce
500 g Rindfleisch (dünne Schulter)
Fett zum Braten
3 EL Pflanzenöl
1 TL Zucker
40 g Mehl
etwas Rotwein
Pfeffer aus der Mühle (nach Belieben)
Saucen-Lebkuchen zum Abbinden (nach Belieben)
Lebkuchengewürz (nach Belieben)

Zubereitungszeit 30 Minuten
Beizen 3 Tage
Garen 1 Stunde 30 Minuten

Gefüllte **Kalbsbrust**

Augustiner-Festhalle
Manfred Vollmer

Für 6–8 Portionen

Für den Braten
1,5 kg Kalbsbrust
Salz, Pfeffer
1 Bund Wurzelgemüse
1 Zwiebel
einige kleine Kalbsknochen
etwas Speisestärke

Für die Semmelfüllung
4 Semmeln
1 kleine Zwiebel
1 kleines Bund Petersilie
1 EL Butter
125 ml Milch
3 Eier
Salz, Pfeffer
frisch gemahlene Muskatnuss

Zubereitungszeit 45 Minuten
Garen 1 Stunde 45 Minuten

1. Für den Braten eine Tasche in die Kalbsbrust schneiden (wenn möglich vom Metzger schneiden lassen!), salzen und pfeffern.

2. Für die Semmelfüllung die Semmeln in Würfel schneiden. Die Zwiebel abziehen und fein würfeln. Die Petersilie waschen, trocken schütteln, die Blättchen abzupfen und fein hacken.

3. Die Butter zerlassen und die Zwiebeln mit der Petersilie darin anschwitzen. Die Milch erhitzen und über die Semmeln gießen. Eier, Zwiebelwürfel und Petersilie zugeben, alles vermischen und mit 1 Prise Salz, Pfeffer und Muskatnuss würzen. Die Masse in die Kalbsbrusttasche füllen.

4. Den Backofen auf 180 °C (Umluft 160 °C) vorheizen. Das Wurzelgemüse putzen, schälen und klein schneiden. Die Zwiebel abziehen und fein würfeln. Die Kalbsbrust in einem Bräter rundherum anbraten. Kalbsknochen, Zwiebeln, Wurzelgemüse und 500 Milliliter Wasser dazugeben. Im Ofen (Mitte) etwa 1 Stunde 45 Minuten braten.

5. Die Sauce abpassieren. Zum Abbinden Speisestärke mit etwas kaltem Wasser mischen, unter die Sauce rühren und diese kurz aufkochen lassen. Die Kalbsbrust in Scheiben schneiden und mit der Sauce servieren.

Kalbshaxe mit Ofengemüse

Winzerer Fähndl (Paulaner Festhalle)
Arabella und Peter Pongratz

1. Den Backofen auf 200 °C (Umluft 180 °C) vorheizen. Die Kalbshaxe mit Salz, Pfeffer, Rosmarin und Thymian würzen. Zwiebeln abziehen, vierteln und in einem Bräter im heißen Öl anbraten. Die Haxe darauflegen und im Ofen (Mitte) 30 Minuten garen.

2. Dann etwas Brühe zugeben und auf 160 °C (Umluft 145 °C) umschalten. Die Haxe 1 Stunde 30 Minuten weitergaren. Immer wieder etwas Brühe angießen.

3. Inzwischen die Möhren, die gelben Rüben und den Sellerie waschen, schälen, putzen und in grobe Stücke schneiden. Den Ingwer schälen und in Scheiben schneiden. Nach 2 Stunden Garzeit das Gemüse, Ingwer, Lorbeer und Weißwein dazugeben. Alles zusammen ca. 50 Minuten weitergaren.

4. Den Bräter aus dem Ofen nehmen und das Fleisch bei 60 °C im Backofen warm stellen. Die Bratensauce zu dem Bratensaft und dem Gemüse geben und aufkochen. Lorbeerblatt wieder entfernen und das Gemüse mit Salz und Pfeffer abschmecken. Das Fleisch vom Knochen lösen, aufschneiden und mit der Sauce und dem Gemüse auf Tellern anrichten.

Dazu schmecken Knödel sehr gut (Rezepte ab Seite 82).

Tipps Das Fleisch ist gar, wenn es sich leicht vom Knochen lösen lässt.
In diesem Rezept werden zwei verschiedene Sorten der Möhre verwendet, neben der bekannten orangefarbenen auch die gelbe Rübe.

Für 4–6 Portionen

2 kg Kalbshaxe (mit Knochen)
Salz, Pfeffer
1 TL gerebelter Rosmarin
1 TL gerebelter Thymian
4 Gemüsezwiebeln
2 EL Öl
ca. 500 ml Brühe
2 Möhren
2 gelbe Rüben
250 g Sellerie
1 Stück Ingwer (ca. 3 cm)
1 Lorbeerblatt
250 ml Weißwein
400 ml Bratensauce

Zubereitungszeit 30 Minuten
Garen 2 Stunden 50 Minuten

Bürgermeisterstück in Rotweinsauce

Edith von Welser-Ude
Gattin des Münchner Oberbürgermeisters Christian Ude

1. Das Fleisch kalt abspülen, mit einem Küchentuch trockentupfen und in große Stücke schneiden (größer als Gulaschstücke!). In eine Schüssel geben und mit dem Rotwein übergießen. Lorbeerblätter und Wacholderbeeren zugeben. Das Ganze mindestens 24 Stunden zugedeckt ziehen lassen.

2. Das Fleisch aus der Schüssel nehmen und auf Küchenpapier abtropfen lassen. Zwiebeln und Knoblauch abziehen, die Zwiebel in grobe, den Knoblauch in kleine Würfel schneiden. Die Paprikaschoten halbieren, entkernen, waschen und in grobe Stücke schneiden. Die Kartoffeln schälen und grob würfeln. Die Möhren waschen, putzen und ebenfalls in grobe Stücke schneiden.

3. Den Backofen auf 80 °C Ober-/Unterhitze vorheizen (Umluft ist nicht empfehlenswert). Etwas Olivenöl in einer großen ofenfesten Kasserolle erhitzen. Rindfleisch zugeben und scharf anbraten. Wenn das Fleisch Farbe angenommen hat, das Gemüse hinzufügen und kurz mitdünsten. Mit den passierten Tomaten und der Weinmarinade ablöschen. Mit etwas Salz und Pfeffer würzen und aufkochen lassen.

4. Anschließend den Topf ohne Deckel in den Backofen (Mitte) stellen und 3 Stunden 30 Minuten garen. Den Topf aus dem Ofen nehmen, das Fleisch herausnehmen und auf einen Teller legen.

5. Das Gemüse unter Zugabe von etwas Schmorflüssigkeit pürieren, sodass eine sämige Sauce entsteht. Sauce bei Bedarf noch nachwürzen. Das Fleisch in Scheiben schneiden und mit der Sauce servieren.

Als Beilage eignen sich Spätzle oder Schupfnudeln (Rezepte auf Seite 96, 98 und 103) oder Salzkartoffeln.

Für 4–6 Portionen

1 kg Rindfleisch (Bürgermeisterstück)
1,5 l trockener Rotwein
2 Lorbeerblätter
8 Wacholderbeeren
4 Zwiebeln
1 Knoblauchzehe
2 rote Paprikaschoten
4 große Kartoffeln
3 Möhren
etwas Olivenöl
250 ml passierte Tomaten
Salz, Pfeffer aus der Mühle

Zubereitungszeit 45 Minuten
Marinieren 24 Stunden
Garen 3 Stunden 30 Minuten

Die olympische Wiesn

Auf der Wiesn werden Jahr für Jahr Höchstleistungen vollbracht. Es ist ein Volksfest der Superlative. Die Besucherzahlen, die verzehrten Brezn und die getrunkenen Hektoliter Bier sind unglaublich. Der sportliche Geist, der sich immer wieder in Rekorden auf diesen Gebieten manifestiert, hat eine lange Tradition – man bedenke die zentrale Rolle des Pferderennens!

Attraktionen an den Bierbuden

Von Anfang an gehörte das Bier zum Oktoberfest. Die Wirte der Stadt errichteten in den ersten Jahren auf der Sendlinger Höhe einige einfach gezimmerte Bretterbuden, an denen Bier ausgeschenkt wurde. Ihre Brotzeit brachten die Gäste selbst mit, sie konnten aber auch an den Ständen Brot und Radi, Käse und Backwaren, Obst und Nüsse erwerben. In den 1820er-Jahren erhielten die Wirte die Erlaubnis, ihre Buden im Inneren der Rennbahn aufzubauen. Anfangs gab es achtzehn genehmigte Bierbuden, und die Wirte wurden ausgelost. Diese Bierbuden wurden schrittweise vergrößert. Bald konnten die Festbesucher nicht nur davor sitzen und Bier trinken, sondern auch überdachte Plätze einnehmen. Um die Gäste anzulocken, begannen die Wirte, für Attraktionen zu sorgen. Beliebt waren kleine Wettbewerbe wie Sacklaufen, Baumsteigen oder Kegeln. Tanzflächen wurden errichtet, und auch für musikalische Unterhaltung war gesorgt.

Die verletzte Würde des Festes

Die Stadt war über derartig volkstümliche Vergnügungen nicht sehr erfreut, denn das Fest wurde ja zu Ehren des erlauchten Paares veranstaltet. Zum Verbot eines Kletterbaumes hieß es 1828, dass diese Belustigung mit der Würde des ganzen Festes nicht vereinbar sei. Die Rechnung ging für die Wirte trotzdem auf. 1835 beispielsweise besuchten rund 100.000 Menschen das Oktoberfest und tranken 240.000 Maß Bier. Damals dauerte das Fest allerdings nur wenige Tage! Heute sind es bekanntermaßen sechzehn. An diesen sechzehn Tagen schauten im Jahr 2009 immerhin 5,7 Millionen Besucher vorbei. Die verspeisten unter anderem 111 ganze Ochsen und ließen sich 6,5 Millionen Maß Bier schmecken. Die Trinkleistung pro Person hat sich also in 175 Jahren von 2,4 auf 1,4 Maß verringert.

Teilansicht der bemalten Frontfassade des Löwenbräu-Festzelts.

 ## Olympisch damals – und heutzutage?

Man erzählt sich in den Bierzelten zu vorgerückter Wiesn-Stunde, dass die Wiesn manches mit den alten Olympischen Spielen gemein hatte. Denn weil sich Kronprinz Ludwig seinerzeit sehr für das antike Griechenland begeisterte, wurde auch das Münchner Oktoberfest in seinen ersten Jahren im Stile des antiken Olympias ausgetragen. 1832 wurde das Oktoberfest sogar eigens verschoben, damit eine eingeladene dreiköpfige Delegation aus Griechenland daran teilnehmen konnte. Und tatsächlich wurde die damalige Wiesn eines der Vorbilder für die spätere Wiederbelebung der Olym-

pischen Spiele in Griechenland unter König Otto I., Sohn von Kronprinz Ludwig und Prinzessin Therese.

Olympisch auch heute?

In Bezug auf die moderne Wiesn der Gegenwart stellt sich die folgende Frage: Muss, soll oder darf man das Oktoberfest denn immer noch mit den Olympischen Spielen vergleichen? Klare Antwort: Das ist sicherlich mehr als angebracht.

Während Olympischen Spielen, da ist ja schließlich schon bei etwa einer Million Besucher von einem mordsmäßigen Riesenerfolg die Rede – landesweit gesprochen. Bei dem olympischen Wiesn-Fest in Bayern wird aber doch offensichtlich weitaus Größeres geleistet. Fragt's doch mal im Tourismusamt München nach, wie man rund sechs Millionen Leut' in ein paar Hektar Innenstadtgelände rein- und dann wieder rausschleust – und das jedes Jahr aufs Neue und in nur sechzehn Tagen! Und rennen tun's auf der Wiesn auch immer noch – bloß halt ohne die Pferde und nicht im Kreis, sondern rein in die Bierzelte! Neben dem allgemeinen Sportsgeist, der auf der Wiesn herrscht – und der da lautet: »Dabei sein ist alles« –, drückt sich die Wirkung des traditionsreichen olympischen Gedankens immer noch in zahlreichen sportlichen Disziplinen aus, die hier vertreten sind. Zum Beispiel Lukasverprügeln, Bäumefällen (im Hackerzelt), Totheulen (im Weinzelt), Kiwi-Weitwurf (im Hofbräuzelt) und Armbrustschießen (im Armbrustschützenzelt) – Letzteres das einzig Normale. Aller-

lei tierische Vergnügen gibt's für den Menschen noch obendrein: besonders Käfer-Tottreten (im Käferzelt) oder Schottenhamel-Zureiten. Weiteres Hochsportliches soll nicht unerwähnt bleiben: Promijagd im Hippodrom, Wilde-Maus-Zähmen bei den Fahrgeschäften, die Dompteurleistung im Löwenbräu und das Hochseeangeln in der Fischervroni – das bekanntermaßen manches Mal im berüch-

tigten Fischgrätenamoklauf endet. Oder ganz zum Schluss, nach'm Wettkampftrinken und dem vorausgegangenen Bier-Storming im Augustinerzelt, kommt es dann für den einen oder anderen gar zu Lustigen noch zum spaßigen Bullenreiten im Polizeipräsidium in der Ettstraßn oder gerne auch im sogenannten Servicezentrum direkt auf der Wiesn.

Ihr Manfred Schauer, d.S.v.d.W.

Das Gemälde von Caspar Klotz, entstanden um 1820, zeigt eine der einfachen Bierbuden auf dem Oktoberfest, die im Laufe der Zeit rund um die Pferdebahn entstanden waren.

Hohe Politik auf der Wiesn

Während des 19. Jahrhunderts war die Wiesn durchaus nicht nur zur reinen Belustigung gedacht – auf dem Oktoberfest wurde auch Politik gemacht. Die Wiesn war ein Nationalfest und sollte auch als ein solches wirken. Jeder bayerische Besucher sollte nach dem Fest bayerischer sein als er zu Beginn des Festes war. Und dann waren da noch die Wiesn-Barone …

Die bayerische Nationalwiese

Eine politische Bedeutung der Wiesn spiegelte sich zum Beispiel in den jährlichen Fest- und Trachtenumzügen wider, bei denen an ein bayerisches Nationalgefühl appelliert wurde. Die verschiedensten Gegenden Bayerns wurden von Delegationen repräsentiert, die in der jeweiligen Landestracht gekleidet waren. Dabei ging es im Besonderen darum, die im frühen 19. Jahrhundert im Zuge der Napoleonischen Kriege im neuen bayerischen Königreich aufgegangenen Regionen zu integrieren – widerspenstig zeigten sich vor allem die betroffenen Schwaben und Franken. Auch sollte die bayerische Souveränität gegenüber dem aufkommenden gesamtdeutschen Nationalismus betont werden.

Mit der Bavaria auf der Wiesn

1826 wurde auf dem Wiesn-Festzug eine »Bavaria« eingeführt – ein Mädchen war als solche verkleidet worden. Während des Oktoberfestes von 1850 wurde dann die recht griechisch anmutende Bavaria-Statue vor der damals erst halb fertigen Ruhmeshalle enthüllt. Statue und Ruhmeshalle gehen übrigens auf den auch sonst baufreudigen Ludwig I. zurück. Alle drei symbolisieren bayerische Einigkeit und Selbständigkeit.

Preisermäßigungen für die Fahrt zur Wiesn

Das Oktoberfest zu nutzen, um den Nationalstolz zu fördern, war auch Ziel von König Max II., dem Sohn von Ludwig I. Er startete sogar ein ganzes Programm zur Hebung des bayerischen Nationalgefühls, zu dem auch gehörte, dass die Beamten freundlicher werden sollten. 1852 halbierte er die Fahrpreise für die Eisenbahn während des Oktoberfestes.

Die Bierbarone und ihre Paläste

Wie schon berichtet (siehe Seite 54), tummelten sich in den ersten Jahren des Oktoberfestes die Gäste in kleinen Bierbuden. Erst Ende des 19. Jahrhunderts etablierten sich die großen Zelte, nämlich als die Wirte begannen, ihre Buden in aufwendiger gestaltete Hallenkonstruktionen umzubauen und sie auch außerhalb des alten Wirtsbudenringes anzusiedeln. Die Festhallen und -zelte wurden größer, immer größer. Das größte jemals auf dem Oktoberfest errichtete Zelt war das Festzelt der Pschorr-Bräurosl von 1913. Es beherbergte 12.000 Sitzplätze! Mit dem Aufbau dieses Riesenzeltes war man ganze fünf Monate beschäftigt. Zum Vergleich: Heute haben in den großen Festhallen rund 7.000 Personen Platz. Die Festwiese veränderte ihre Gestalt. Die Festhallen der neuen Bierbarone machten dem alten Königszelt Konkurrenz. Das entsprach ja im Grunde auch der gesellschaftlichen Entwicklung in Bayern und in ganz Deutschland während des 19. Jahrhunderts: Das Bürgertum erlangte immer mehr wirtschaftliche und politische Macht, die königliche Herrschaft begann zu bröckeln. Die Revolution von 1918 hat dann die Monarchie aus Deutschland und Bayern und das Königszelt von der Wiesn gefegt.

Doch Vorsicht! Auch heutzutage ist der Einfluss der Wirte im »Bierfürstentum Theresienwiese« immer noch gewaltig, genauso wie die unglaubliche Anziehungskraft des flüssigen Wiesn-Goldes eben. Da regieren die Barone, sagen wir die größten zehn, über das versammelte Wiesn-Volk. Heute kann man als Gast ja schon überaus stolz sein, sich geradezu geehrt und geadelt fühlen, wenn jene Herrscher über Tausende von Hektoliter Bier und ganze Armeen von Hühnerhälften überhaupt noch Zeit zum Grüß-Gott-Sagen haben. Das kommt dann schon einer Aufnahme unter die Ritter der Tafelrunde gleich. Trotzdem: Als äußerst moderne Monarchie ist das Fürstentum Theresienwiese – zum Beispiel durch Schankvorgaben und das Reinheitsgebot – sozusagen konstitutionell verfasst und von einem gesunden Verhältnis zwischen Überangebot und noch mehr Nachfrage geprägt, nicht von Despotie. Schließlich sind die Barone dann nach sechzehn langen Tagen auch gerne bereit, das Zepter wieder abzugeben – um im folgenden Jahr wieder in vollem Glanze auf die Wiesn einzuziehen und die Salbung der Häupter aufs Neue zu erfahren. Im Grunde sind die Bierbarone gerechte und reformwillige Gebieter edlen Gemüts, die doch offenbar ganz prächtig für ihre Schäflein sorgen. Anders wären die jährlichen Schlangen vor den Zelten und der allgemeine Besucherandrang wohl nicht zu erklären.

Ihr Manfred Schauer, d.S.v.d.W.

Der Trachten- und Schützenzug fand zum ersten Mal 1835 zur Silberhochzeit von König Ludwig I. und Therese von Bayern statt. Seit 1950 wird er jeden ersten Wiesn-Sonntag abgehalten. Die Bavaria wacht dagegen das ganze Jahr über der Theresienwiese.

Ich kenne keinen Menschen,
der nach dem Essen blöder
oder nach dem Trinken
gescheiter geworden ist.

Manfred Schauer, d.S.v.d.W.

Pfannen-
gerichte

Hähnchenbrust in scharfer Kokossauce mit Rote-Bohnen-Reis

Hühner- und Entenbraterei Wildmoser
Theres und Karl-Heinz Wildmoser

Für 4 Portionen

250 g Patnareis
1 Zwiebel
2 Paprikaschoten
1 EL Butter
500 ml Kokosmilch
100 g Kokosflocken
125 g Sahne
1 TL grüne Currypaste
frisch geriebener Ingwer
Salz, weißer Pfeffer
frisch gemahlene Muskatnuss
4 Hähnchenbrustfilets (à 150 g)
2 EL Öl
100 g gegarte rote Kidneybohnen

Zubereitungszeit 30 Minuten

1. Den Reis in Salzwasser geben und nach Packungsangabe gar kochen. Inzwischen die Zwiebel abziehen und in Streifen schneiden. Die Paprikaschoten waschen, putzen, entkernen und in Streifen schneiden.

2. Die Butter in einem Topf erhitzen. Zwiebeln und Paprika dazugeben und andünsten. Kokosmilch und Kokosflocken hinzufügen. Mit Sahne aufgießen, alles reduzieren lassen und mit den Gewürzen pikant-scharf abschmecken.

3. Die Hähnchenbrustfilets waschen, mit Küchenpapier trockentupfen und mit Salz und Pfeffer würzen. Das Öl in einer Pfanne erhitzen und die Hähnchenbrustfilets darin auf beiden Seiten anbraten.

4. Den Reis abgießen, mit den Bohnen mischen und mit den Filets auf Tellern anrichten. Zum Schluss die Kokossauce darübergeben.

Stiftls Wiesn-Entengröstl

Stiftl-Festzelt
Lorenz Stiftl

Für 4 Portionen

400 g festkochende Kartoffeln
Salz
200 g rote Zwiebeln
240 g frische Champignons
400 g gebratene Entenbrust (saftig)
1 kleines Bund Schnittlauch
1–2 EL Entenfett
1–2 EL Butter
Pfeffer
Zucker
edelsüßes Paprikapulver
Thymian

Zubereitungszeit 45 Minuten

1. Die Kartoffeln mit der Schale in Salzwasser gar kochen. Inzwischen die Zwiebeln abziehen und in Streifen schneiden. Die Champignons putzen und in Scheiben schneiden. Das Entenfleisch in Streifen schneiden. Den Schnittlauch waschen, trocken schütteln und in feine Röllchen schneiden.

2. Die Kartoffeln abgießen, schälen und in Scheiben schneiden. In einer großen beschichteten Pfanne etwas Entenfett und Butter heiß werden lassen und die Kartoffeln darin goldbraun braten. Die roten Zwiebeln dazugeben und mitdünsten.

3. Zum Schluss die Champignons und das in Streifen geschnittene Entenfleisch dazugeben und rösten. Zuletzt das Gröstl mit Salz, Pfeffer und wenig Zucker je nach Geschmack würzen, mit Paprikapulver und Thymian verfeinern, auf Tellern verteilen und mit den Schnittlauchröllchen garnieren.

Tipp Dieses Rezept eignet sich auch gut, um Reste eines Gänsebratens ausgesprochen schmackhaft zu verwerten.

Kalbfleischpflanzerl

Hippodrom
Sepp Krätz

1. Die Zwiebel und den Knoblauch abziehen, fein würfeln. Die Petersilie waschen, trocken schütteln und die Blättchen abzupfen. Zwiebeln und Knoblauch in der Butter dünsten, Petersilie und Majoran dazugeben.

2. Mit der Sahne ablöschen und den Topf vom Herd nehmen. Senf, Salz und Pfeffer untermischen und etwas abkühlen lassen. Die Eier aufschlagen und unter die Mischung rühren. Anschließend die Semmelbrösel nach Gefühl untermengen. Der Teig sollte nicht zu fest und nicht zu dünn sein.

3. Das Hackfleisch unter die Masse kneten. Mit den Händen aus dem Fleischteig kleine Pflanzerl formen und in einer Pfanne im Öl bei mittlerer Hitze von beiden Seiten anbraten.

Für 4 Portionen

1 Zwiebel (ca. 50 g)
1 Knoblauchzehe
1/2 Bund Blattpetersilie
60 g Butter
1 EL gerebelter Majoran
100 g Sahne
2 EL mittelscharfer Senf
Salz, Pfeffer
5 Eier
50–100 g Semmelbrösel
600 g gehacktes Kalbfleisch
Öl zum Braten

Zubereitungszeit 45 Minuten

Schichtls Chilipflanzerl

Wirtshaus im Schichtl
Manfred Schauer

1. Semmeln in Wasser einweichen. Zwiebeln abziehen, fein würfeln. Möhren und Fenchel waschen, putzen und fein reiben. Das Gemüse mit dem Hackfleisch mischen.

2. Die Semmeln gut ausdrücken, zerkleinern und mit den Gewürzen, inklusive Paprikawürfel, sowie den Eiern zur Hackfleischmasse geben. Alles gut vermischen. Aus der Masse Pflanzerl formen und im heißen Öl bei mäßiger Hitze langsam braten.

Für 6–8 Portionen

4 Semmeln, 150 g rote Zwiebeln
100 g Möhren, 50 g Fenchel
700 g Schweinehackfleisch
300 g Rinderhackfleisch
35 g Chilipulver, 30 g Salz
20 g edelsüßes Paprikapulver
30 g fein gewürfelte rote Paprikaschote
4 Eier, Öl zum Braten

Zubereitungszeit 1 Stunde

Riesengarnelen-Pfanderl mit vielen Kräutern und Gemüse

 **Hippodrom**
Sepp Krätz

Für 4 Portionen

1 kg gemischtes Gemüse (z. B. Kaiserschoten, Möhren, gelbe und grüne Zucchini, gelbe, grüne und rote Paprikaschoten, Lauchzwiebel (das Weiße), Fenchel)

1 Knoblauchzehe

1 kleine Zwiebel

2 Bund Kräuter (z. B. Dill, Blattpetersilie, Basilikum, Salbei, Thymian)

20 Riesengarnelen ohne Schale und entdarmt

Salz, weißer Pfeffer

50 ml Olivenöl (keine Erstpressung)

Zucker

Chili aus der Mühle oder eine kleine Schote in Scheiben

etwas Weißwein

3 EL Butter

Zubereitungszeit 25 Minuten

1. Das Gemüse putzen und waschen, bei Bedarf schälen. Die Enden der Kaiserschoten entfernen. Die Möhren in 2 Millimeter, die Zucchini in 4 Millimeter dicke Scheiben schneiden. Paprikaschoten, Lauch und Fenchel in 4 Millimeter dicke Streifen beziehungsweise Ringe schneiden.

2. Den Knoblauch in feine Scheiben, die Zwiebel in 2 Millimeter dicke Streifen schneiden. Die Kräuter waschen, trocken schütteln, wenn nötig die Blättchen von den Stängeln zupfen und die Kräuter grob hacken.

3. Die Garnelen mit Salz und Pfeffer würzen. Das Olivenöl in einer Pfanne erhitzen und die Garnelen darin anbraten. Nach 1 Minute das vorbereitete Gemüse hinzugeben, mit Salz, Pfeffer, Zucker und Chili würzen und etwa 3 bis 4 Minuten in der Pfanne bei mittlerer Hitze anschwenken.

4. Dann die Kräuter hinzufügen, mit etwas Weißwein ablöschen und die Butter hinzugeben. Zuletzt alles kräftig durchschwenken, damit sich die Flüssigkeit mit der Butter verbindet. Nochmals abschmecken und mit Ciabatta servieren.

Gebratene Spanferkelleber »sauer«

Festhalle Pschorr-Bräurosl
Renate und Georg Heide

Für 4 Portionen

500 g Spanferkelleber
2 Zwiebeln
100 g durchwachsener Speck
1 Gewürzgurke
2 EL Schmalz
1 EL Mehl
125 ml Fleischbrühe
Salz, weißer Pfeffer
Zucker
1 EL Aceto balsamico
2 EL Weißwein
200 g saure Sahne

Zubereitungszeit 20 Minuten

1. Die Spanferkelleber mit Haushaltspapier abtupfen und in schmale Streifen schneiden, Sehnen und Hautreste dabei entfernen. Die Zwiebeln abziehen und würfeln. Speck und Gurke getrennt ebenfalls in feine Würfel schneiden.

2. Das Schmalz in einem Topf erhitzen und Zwiebeln und Speck darin anbraten. Gurkenwürfel und Leberstreifen zugeben und untermischen. Mit Mehl bestäuben und alles einige Minuten anschwitzen lassen.

3. Unter Rühren die Fleischbrühe angießen und aufkochen. Mit Salz, Pfeffer, 1 Prise Zucker, dem Aceto balsamico und dem Weißwein abschmecken und die saure Sahne einrühren.

Dazu gibt's Kartoffelpüree und Röstzwiebel.

Tipp Das Kartoffelpüree als Beilage lässt sich einfach und ohne großen Aufwand selbst zubereiten: 1 Kilogramm mehligkochende Kartoffeln schälen und als Salzkartoffeln garen. Abgießen und noch heiß durch die Kartoffelpresse drücken. Einen Viertelliter kochende Milch mit dem Schneebesen unter die Kartoffeln rühren. 20 Gramm Butter, Salz und etwas geriebene Muskatnuss hineinrühren und das Püree sofort servieren.

Saures **Kalbslüngerl**

Festhalle Pschorr-Bräurosl
Renate und Georg Heide

1. Das Suppengrün waschen, putzen, nach Bedarf schälen und in Stücke schneiden. Die Zwiebeln abziehen und vierteln. 2 Liter Wasser mit allen Zutaten für den Sud in einen großen Topf geben und aufkochen.

2. Die Lunge waschen, in den Topf geben und alles 1 Stunde kochen lassen. Die Lunge herausnehmen, abtropfen und abkühlen lassen, dann in feine Streifen schneiden. Mit 500 Milliliter Sud sowie dem Essig begießen und 1 Tag zugedeckt im Kühlschrank marinieren lassen.

3. Für die Sauce das Fett erhitzen, das Mehl dazugeben und anschwitzen lassen. Nach und nach die Brühe dazugießen und glatt rühren.

4. Die Lungenstreifen aus der Marinade nehmen und mit der Sauce mischen. Mit Zitronensaft, Salz und Pfeffer abschmecken.

Mit Semmelknödel servieren (Rezept auf Seite 82).

Für 4 Portionen

Für den Sud
2 Bund Suppengrün
2 Zwiebeln
2 Lorbeerblätter
2 Nelken
2 Wacholderbeeren
8 Pfefferkörner
1 gehäufter EL Salz
4 EL Essig

Für das Lüngerl
500 g Kalbslunge
125 ml Essig

Für die Sauce
40 g Fett
2 EL Mehl
500 ml Brühe
1 EL Zitronensaft
Salz, Pfeffer

Zubereitungszeit 30 Minuten
Garen 1 Stunde
Marinieren 24 Stunden

Ochsenlendensteak mit Kräuterbutter und Speckbohnen

 **Hippodrom**
Sepp Krätz

1. Die geschälten Kartoffeln in Salzwasser gar kochen. Inzwischen das Wammerl in kleine Würfel schneiden. Die Zwiebel abziehen und ebenfalls fein würfeln. Die Bohnen waschen, putzen und die Enden entfernen.

2. Salz, Pfeffer und Bohnenkraut in einen Topf mit Wasser geben und aufkochen. Die Bohnen zugeben und etwa 5 Minuten blanchieren. In Eiswasser abschrecken. Die Kartoffeln abgießen und halbieren.

3. Etwas Butter in eine heiße Pfanne geben, den Speck und die Zwiebeln hinzufügen, etwas anrösten. Die vorgekochten Bohnen dazugeben, mit Salz, Pfeffer und Bohnenkraut würzen, etwas Wasser aufgießen, zudecken und ziehen lassen.

4. Inzwischen die Steaks mit Salz und Pfeffer würzen. In eine zweite, große heiße Pfanne die Hälfte des Öls geben, das Fleisch einlegen und beiderseits je nach erwünschtem Gargrad braten.

5. Die Kartoffeln und den Rosmarinzweig in einer dritten großen Pfanne im übrigen Öl braten, dann salzen und pfeffern. Das Fleisch in der Pfanne ohne Hitze ruhen lassen.

6. Inzwischen den Knoblauch abziehen und durchpressen. Alle Zutaten für die Kräuterbutter miteinander vermischen – die gehackten Kräuter erst ganz zum Schluss einrühren. Das Fleisch mit den Bohnen und den Kartoffeln auf Tellern anrichten. Die Kräuterbutter mit einem Spritzsack zu Rosetten dressieren.

Für 4 Portionen

Für Steaks, Bohnen und Kartoffeln
600 g Drillingskartoffeln
Salz
80 g geräuchertes Wammerl
1 kleine Zwiebel
300 g feine Bohnen
Pfeffer
Bohnenkraut
2 EL Butter
4 Ochsenlendensteaks vom Fachhändler, schön marmoriert
50 g Pflanzenöl
1 Zweig Rosmarin

Für die Kräuterbutter
1 Knoblauchzehe
200 g Butter
Salz, Pfeffer
Zucker
Saft von 1/2 Zitrone
1 Schuss Worcestersauce
1 Schuss Cognac
1 Schuss Tabasco
2 EL gehackte Kräuter (Petersilie, Schnittlauch, Thymian, Rosmarin, Basilikum)

Außerdem
Spritzsack mit weiter Sterntülle

Zubereitungszeit 40 Minuten

Klassisches
Wiener Schnitzel

 **Hippodrom**
Sepp Krätz

Für 4 Portionen

8 Scheiben Kalbsschnitzel (à 60–70 g)
Salz, Pfeffer aus der Mühle
2 Eier
Mehl
200 g Semmelbrösel
(am besten vom Bäcker)
200 ml Speiseöl
100 g Sauerrahmbutter
(z B. Andechser Fassbutter)

Zubereitungszeit 20 Minuten

1. Die Schnitzel in einer Folie mit einem Plattiereisen dünn ausklopfen. Mit Salz und Pfeffer würzen. Die Eier in einer flachen Schüssel verquirlen. Einige Esslöffel Mehl auf einen großen flachen Teller geben und die Semmelbrösel auf einem zweiten Teller verteilen.

2. Die Schnitzel zuerst im Mehl wenden, dann in die verquirlten Eier tauchen, leicht abtropfen lassen und abschließend in den Semmelbröseln wenden. Dabei die Schnitzel etwas in die Brösel hineindrücken.

3. Die Bratpfanne mit dem Öl auf etwa 165 °C erhitzen, dann die Butter zugeben. Wenn die Butter zerlaufen ist, die panierten Schnitzel in zwei Portionen vorsichtig hineinlegen und beiderseits goldbraun ausbacken (jede Seite etwa 2 bis 3 Minuten).

Dazu schmeckt Kartoffelsalat (Rezept auf Seite 90).

Tipps Wenn Sie qualitativ hochwertiges Fleisch vom Fachhändler von der Kugel schneiden lassen, wird sich die Panade wellig vom Schnitzel abheben und eine schöne Optik erzeugen.
Eine weitere Wiener Schnitzelspezialität ist das Kaiserschnitzel, für das ebenfalls Kalbfleisch verwendet wird, das aber natur und in einer mit Kapern und Zitrone verfeinerten Rahmsauce serviert wird.

Putenschnitzel in der Käsehülle auf Tomatensauce mit Nudeln

 ## Stiftl-Festzelt
Lorenz Stiftl

1. Für die Tomatensauce das Röstgemüse putzen, schälen und in kleine Stücke schneiden. Den Speck in kleine Würfel schneiden. In einem Topf die Butter zerlassen und das Gemüse mit dem Speck anbraten. Das Mehl darüberstäuben und die passierten Tomaten unter Rühren hinzufügen. Rotwein und Brühe dazugießen und alles unter Rühren aufkochen lassen.

2. Den Knoblauch abziehen und mit dem Messer etwas zerdrücken. Mit Gewürzen und Kräutern zur Tomatensauce geben und etwa 30 Minuten kochen lassen.

3. Inzwischen die Tomaten kreuzweise einritzen, überbrühen, häuten und entkernen. Das Fruchtfleisch in Würfel schneiden und beiseitestellen.

4. Die Putenbrustschnitzel klopfen, waschen und trockentupfen. Parmesan und Emmentaler reiben. Die Eier mit dem Käse und mit 20 Gramm Mehl verquirlen. Das Fleisch mit Salz und Pfeffer würzen, im restlichen Mehl wenden und durch das Käse-Ei-Gemisch ziehen, dabei die Masse festdrücken. Die Butter in der Pfanne zerlassen und die Schnitzel etwa 10 Minuten auf beiden Seiten goldbraun braten.

5. Inzwischen die Nudeln in reichlich Salzwasser nach Packungsangabe kochen. Die Sauce durch ein Sieb passieren und mit Salz, Pfeffer und 1 Prise Zucker abschmecken. Die Tomatenwürfel hinzufügen und die Sauce einmal aufkochen lassen.

6. Die Nudeln in ein Sieb abgießen und abtropfen lassen. Das Fleisch aus der Pfanne nehmen und auf Küchenpapier abtropfen lassen. Die Tomatensauce auf vorgewärmten Tellern verteilen, Nudeln und Fleisch schön anrichten.

Für 4 Portionen:

Für die Tomatensauce

200 g Röstgemüse (z. B. Möhren, Sellerie, Zwiebeln)

100 g durchwachsener Speck

50 g Butter

2 EL Mehl

200 g passierte Tomaten

250 ml Rotwein

250 ml Gemüsebrühe

2 Knoblauchzehen

1 Lorbeerblatt

je 1 TL getrockneter Thymian, Rosmarin, Salbei, Oregano Wacholderbeeren

4 Tomaten (Fleischtomaten)

Salz, Pfeffer aus der Mühle

Zucker

Für die Schnitzel

4 Putenbrustschnitzel à 180 g

30 g Parmesan

200 g Emmentaler

3 Eier

100 g Mehl

Salz, Pfeffer aus der Mühle

40 g Butter

400 g Bandnudeln

Zubereitungszeit 50 Minuten

Rosa Entenbrust an Portweinsauce mit Rösti

Hühner- und Entenbraterei Ammer
Josef und Elisabeth Schmidbauer

1. Für die Entenbrust die Schalotten abziehen. Möhre, Sellerie und den Lauch putzen und waschen, Möhre und Sellerie schälen. Alles in Würfel schneiden. Die Entenbrüste waschen und mit Küchenpapier abtupfen. Die Hautseite einschneiden und beide Seiten mit Salz und Pfeffer würzen.

2. Den Backofen auf 120 °C (Umluft 110 °C) vorheizen. Eine Pfanne erhitzen. Die Entenbrust hineingeben und auf der Hautseite etwa 5 Minuten anbraten. Wenden und das Gemüse, nach Belieben auch den Beifuß, dazugeben. Die Entenbrust auf der zweiten Seite kross anbraten.

3. Die Entenbrüste aus der Pfanne nehmen und in einer ofenfesten Form zugedeckt für etwa 15 bis 20 Minuten im heißen Backofen (Mitte) garen. Inzwischen das Gemüse weiter anbraten, dann mit Portwein, Rotwein und 100 Milliliter Wasser ablöschen und die Flüssigkeit etwa 15 bis 20 Minuten einreduzieren lassen.

4. Inzwischen für die Rösti die rohen Kartoffeln schälen und mit einer groben Raspel reiben. Eigelb und Stärke zugeben und mit Salz, Pfeffer und Muskatnuss würzen. Aus der Masse kleine Plätzchen formen. Die Butter in einer Pfanne erhitzen und die Plätzchen darin von beiden Seiten knusprig braten.

5. Die Fleischsauce durch ein Sieb streichen, eventuell mit der mit Wasser glatt gerührten Stärke abbinden und mit Salz und Pfeffer abschmecken. Entenbrust und Sauce mit den Rösti anrichten.

Dazu passt Bayrisch Kraut (Rezept auf Seite 87).

Für 4 Portionen

Für die Entenbrust
2 Schalotten
1 Möhre
100 g Sellerie
1/2 Stange Lauch
4 Entenbrüste
Salz, Pfeffer
Beifuß (nach Belieben)
100 ml Portwein
100 ml Rotwein
evtl. 1 TL Stärke

Für die Rösti
600 g Kartoffeln
1 Eigelb
1 EL Stärke
Salz, Pfeffer
frisch gemahlene Muskatnuss
Butter zum Braten

Zubereitungszeit 50 Minuten

Bierphilosophie

»Ich denke, also trink ich – ich trinke, also bin ich. Cogito ergo bibo –
bibo ergo sum.« – von Desbieres, aber eigentlich vom Schichtl von der Wiesn.
»Two Bier or not two Bier, that's the question.« – von William Shakesbier,
auch Willi Schüttelbier genannt.

Bierqualität

Noch im 19. Jahrhundert ist die Bier-
herstellung weitaus schwieriger
gewesen als heute. Zwar bestimmt
seit 1516 das bayerische Reinheitsgebot, welche Rohstoffe hinein dürfen.
Trotzdem war der Bierkonsum früher
von allerlei Überraschungen beglei-
tet, denn die Qualität schwankte. Erst
einige Erfindungen – vor allem Carl
Lindes Kühlschrank 1873 und die
Bierhefereinzucht 1881 – ermöglich-
ten, ein Bier zu brauen, das konstant
gut schmeckt.

Biergeschichte: vom Sommerbier bis zum Edelhell

Bis in die 1870er-Jahre wurde auf
dem Oktoberfest nur sogenanntes
Sommerbier ausgeschenkt. Dieses
obergärige Bier – Weizenbier ist auch
eines – benötigt zum Gären hohe
Temperaturen. Als auf der Wiesn von
1872 das Sommerbier plötzlich aus-
ging, begann der Wirt Schottenhamel
kurzerhand, untergäriges »Märzen-
bier« auszuschenken. Beim Untergärigen setzt sich die für den Gärpro-
zess nötige Hefe nach unten ab, und
es gärt nur bei kühleren Tempera-

turen. Bis Anfang der 1950er-Jahre
blieb das Märzen das ausschließliche
Oktoberfestbier. Seitdem ist es mehr
den Edelhell-Bieren mit einer recht
hohen Stammwürze und höheren
Vergärungsgraden gewichen.

Brauereien auf der Wiesn

Der alte Wirtsbudenring wurde nach
dem Ersten Weltkrieg ganz aufgelöst, und die Wirtsbudenstraße
wurde neu gebaut. An dieser reihen
sich seitdem die bekannten Bierzelte
aneinander, in denen man das her-
vorragende Bier von sechs teilweise
internationalen Münchner Brauereien genießen kann: Augustiner,
Löwenbräu, Hacker-Pschorr, Paulaner, Spaten-Franziskaner, Hofbräu –
jeweils ein ganz besonderes Bier, das
es nur während der fünften bayerischen Jahreszeit zu kaufen gibt! Die
Brauereien produzieren für die Wiesn
jedes Jahr ein lange gelagertes, gut
bekömmliches untergäriges Bier. Das
Wiesn-Bier ist stärker als die anderen untergärigen Biere, die man sonst
übers Jahr in den Münchner Wirts-
häusern und in den Biergärten trinken kann, und hat durchschnittlich
5,9 Prozent Alkohol.

Ausgeschenkt wird auf der Wiesn nur
in der Maß. Im Festzelt dient der glä-
serne Maßkrug als Trinkgefäß. Doch
der ebenso bekannte wie beliebte
Oktoberfest-Sammlerkrug ist aus
Steingut. Dieser Maßkrug wird nur in
limitierter Stückzahl hergestellt und
erhält jedes Jahr ein neues Schmuck-
bild. Seit 1978 ziert das wechselnde
Motiv des traditionellen Oktoberfest-
plakates den Krug.

Löööwenbrooii

*Die Macht des Bieres auf
dem Oktoberfest bleibt ungebrochen. Vor allem natürlich, weil es sich
beim Wiesn-Bier um ein besonders
schmackhaftes handelt. Und das auf
dem Oktoberfest gezapfte Bier hat
auch bekannte Maskottchen: zum Beispiel den Löwen, der den Haupteingang des Löwenbräuzeltes bewacht
und dem Besucher mit der rechten
Pranke zuprostet. Gleichzeitig wackelt
er fröhlich mit dem Schwanz und
brüllt dabei, für den vorbeigehenden
Besucher unüberhörbar, „Löööwen-
brooii", während er sich mit der
anderen Tatze genüsslich den Bauch
streichelt. Auf diese Form des Zeitver-
treibes kann man natürlich neidisch*

werden. Die bierselige Stimmgewalt war jedoch manchem zu laut, und das Brüllen wurde sogar für einige Jahre verboten. Der arme Löwe, der übrigens schon seit 1949 dort rumsitzt, zuerst nur als Sperrholz, später dann aus Pappmaché gefertigt, wurde daraufhin für einige Zeit mundtot gemacht und musste sein Leben interimsmäßig sozusagen als Stubentiger fristen, bevor man ihn endlich wieder brüllen ließ. Wehe, das würd' mir passieren. Na ja – Schwamm drüber.

Ihr Manfred Schauer, d.S.v.d.W.

Die Brauereien ziehen mit prachtvollen Gespannen auf die Wiesn ein, die später noch auf der Theresienwiese bewundert werden können. In den Zelten wird das Bier jedoch aus Containern ausgeschenkt, nur die Augustiner-Festhalle bildet hier eine Ausnahme und zapft aus Holzfässern.

Wiesn-Moderne

Wie berichtet (siehe Seite 24): Das Oktoberfest war in den ersten Jahrzehnten vor allem ein Pferderennen. Bier wurde ausgeschenkt, und den Besuchern wurden unterschiedliche Belustigungen angeboten. Dann traten die schaustellerischen Attraktionen und Fahrgeschäfte mehr und mehr in den Vordergrund.

Die Krinoline

Das erste Karussell und außerdem noch zwei Schaukeln gab es 1818. Dies war der bescheidene Anfang einer Entwicklung zu einer Wiesn, auf der Fahrgeschäfte sich einen festen Platz erobert haben.

Das älteste Wiesn-Fahrgeschäft ist die Krinoline. Sie trägt nicht von ungefähr denselben Namen wie der breite schwingende Reifrock vergangener Zeiten. Die Krinoline dreht seit 1924 ihre schwingend-schwankenden Runden auf dem Oktoberfest. Bis sie 1937 einen elektrischen Antrieb bekam, wurde sie noch mit Muskelkraft betrieben und per Hand von »Schaukelburschen« kräftig in Schwung gebracht. An der Krinoline spielt die Blasmusik handgemacht von lebendigen Musikern. Wegen dieser Spezialität ist sie bis heute äußerst beliebt.

Die Technisierung der Wiesn

Für die ersten zwei Jahrzehnte des 20. Jahrhunderts kann man dann wahrlich von einer Technisierung der Wiesn sprechen. Autoscooter kamen auf. Das erste Riesenrad wurde 1925 eingeführt. Aufgrund seines Elektromotorenantriebes war es damals eine echte Sensation. Das mit zwölf Gondeln ausgestattete und mit vierzehn Metern Höhe aus heutiger Sicht recht kleine Fahrgeschäft steht immer noch jedes Jahr auf der Wiesn und hat den Namen »Russenrad«. Die erste Achterbahn wurde schon 1909 vom Schausteller Carl Gabriel aufgestellt: die »Automobil Berg- und Talbahn«. Anfangs trauten die Münchner der Achterbahn allerdings wenig. Am ersten Tag fuhren nur 692 Fahrgäste damit. Außerdem musste Gabriels Bahn am Ende des Oktoberfestes wieder abgerissen werden. Eine transportable Bahn stellte Hugo Haase im darauffolgenden Jahr auf.

Geschwindigkeitsrausch

Im Vergleich zu den heutigen Achterbahnen wie dem Olympia-Looping und dem Eurostar – Letzterer 1995 bis 2007 auf der Wiesn – waren die ersten Achterbahnen recht harmlos. Man stelle sich vor: Spitzengeschwindigkeiten von annähernd 100 Stundenkilometern werden heute erreicht! Fünfmal geht es bei der Olympiabahn auf einer Fahrtstrecke

von 1.250 Metern kopfüber in die bis zu 20 Meter durchmessenden Ringe. Der Eurostar war die erste mobile Loopingbahn der Welt, deren Wagen nicht auf Schienen liefen, sondern oben frei an einer Schiene aufgehängt waren. Daher der besondere Reiz für die Fahrgäste: Die Beine baumelten in gut 50 Metern über dem Boden in der Luft.

Die Fahrt in den Lüften

Fahrgeschäfte haben auf dem Oktoberfest schon immer begeistert – auch schon vor knapp 200 Jahren. Zum Beispiel 1820, da wurde die Wiesn zum Ort einer ebenso besonderen wie seltenen Attraktion: einer Ballonfahrt. Von der gebannten Menge bestaunt, fuhr damals die Madame Wilhelmine Reichard aus Dresden in die Lüfte. Aus der ansehnlichen Höhe von 3.000 Fuß begann die Dame dann, Tausende und Abertausende Zettelchen abzuwerfen, auf denen sie Gedichte zu Ehren der königlichen

Majestäten und des bayerischen Volkes niedergeschrieben hatte und die nun auf einen Schlag unzählige Menschen erreichten. Madame Reichard war also nicht nur eine geschickte Luftfahrerin, sondern darüber hinaus auch noch eine frühe Vordenkerin modernster Werbe- und Propagandastrategie. So schwebte sie dann über dem südlichen München herum. Später, als der Ballon gerade über Obersendling flog, wurde er unglücklicherweise von einer Wolke abgetrieben und kam daher nach kleineren Turbulenzen eher unsanft im weiter entfernten Zorneding zur Landung. Die Madame blieb aber unversehrt.

Die Wiesn von oben

Es muss ja nicht gleich ein Ballon sein. Vor allem an einem schönen Tag lohnt sich der Ritt auf dem Kettenkarussell wegen der besonderen Aussicht. Nur manchmal kommt man sich auch hier eher wie in der Geisterbahn vor – in Anbetracht so manchen Gastes, der

da so neben einem herumhängt. Ein vielleicht noch besserer Überblick lässt sich vom Riesenrad aus gewinnen – ein wirklich trefflicher Ort, um sich die Wiesn aus der Vogelperspektive anzusehen. Nicht teuer, aber auch nicht umsonst. Ebenfalls nicht umsonst, sondern gratis ist der Besuch des dem Haupteingang des Oktoberfestes schräg gegenüberliegenden Turms der schönen Paulskirche – ein neugotisches Prachtwerk mit prächtigem Ausblick für den, der noch in der Lage ist. Und noch eine preiswerte Alternative für den fast leer geräumten Wiesn-Geldbeutel: aus der Bavaria rausschauen, die birgt nämlich in ihrem Inneren eine Wendeltreppe und im Kopf ein Aussichtsbankerl.

Ihr Manfred Schauer, d.S.v.d.W.

Riesenrad, Schiffsschaukel, Fünfer-Looping, Tobogan – hier ist für jeden etwas dabei: hoch oben, sich mutig überschlagend oder flott im Kreis rutschend.

**Die Wiesn –
nichts, was der Mensch braucht,
aber alles, was Freude macht!**

Manfred Schauer, d.S.v.d.W.

Beilagen & Vegetarisches

Münchner Knödel

Münchner Knödelei
Florian und Bettina Oberndorfer

Für 4 Portionen

1 Packung Toastbrot (500 g)
1 kleine Zwiebel
50 g Butter
100 g Würfelspeck
200 g Breznstangerl
100 g Braten
1 Knoblauchzehe
2 Eier
1 EL Kren (geriebener Meerrettich)
etwas Dunkelbier
etwas Bratensauce
100 g Wiener Griessler (doppelgriffiges Mehl)
Koriander, Liebstöckel, Majoran, Kümmel
Breznbrösel nach Bedarf
Salz

Zubereitungszeit 45 Minuten

1. Das Toastbrot in kleine Würfel schneiden. Die Zwiebel abziehen und fein würfeln. Butter in einer Pfanne erhitzen. Die Hälfte des Toastbrots mit Zwiebeln und Speck darin anrösten und beiseitestellen.

2. Die übrigen Toastbrotwürfel in eine Schüssel geben. Die Breznstangerl in dünne Scheiben, den Braten in Würfel schneiden und dazugeben. Den Knoblauch abziehen und dazupressen. Die übrigen Zutaten und die Brot-Zwiebel-Speck-Mischung ebenfalls hinzugeben und alles gut vermischen. Sollte der Teig zu weich sein, dann kann mit Breznbröseln noch etwas nachgeholfen werden.

3. Reichlich Salzwasser in einem großen Topf aufkochen. Aus dem Teig Knödel formen, in das Wasser legen und alles kurz aufkochen. Die Hitze reduzieren und die Knödel in 15 bis 20 Minuten gar ziehen lassen.

Schmeckt hervorragend zu Rahmkraut oder geschmortem Spitzkohl.

Der eckige Knödel – quadratisch, gut

Auch wenn es in der Münchner Knödelei und im Wirtshaus in der Au immer rund geht, verpasste sich der Betrieb auf der Wiesn im Jahre 2003 selbst ein paar Ecken: Als kulinarische Sensation gelang der Küche die Quadratur des Knödels.
Der eckige Breznknödel war mit Schafskäse gefüllt und wurde auf einem Gemüsedurcheinander serviert. Aufgrund seiner Quadratur gewann der eckige Knödel an Stabilität und Standfestigkeit auf dem Teller und verminderte so das Risiko, die Bekleidung des Knödelgenießers und seiner näheren Umgebung zu bekleckern.

Semmelknödel

Schützen-Festzelt
Claudia und Eduard Reinbold

Für 4 Portionen

7 Semmeln
150 ml Milch
1 Zwiebel
1/2 Bund glatte Petersilie
1 EL Butter
2 Eier
frisch gemahlene Muskatnuss
Salz, Pfeffer

Zubereitungszeit 45 Minuten

1. Die Semmeln in grobe Würfel schneiden. Die Milch erwärmen, über die Semmelwürfel geben und etwa 15 Minuten ziehen lassen. In der Zwischenzeit die Zwiebel abziehen und fein würfeln. Die Petersilie waschen und trocken schütteln. Die Blättchen abzupfen und fein hacken.

2. Die Zwiebeln in der Butter anschwitzen und zu der Semmelmasse geben. Danach die Eier und die Petersilie unter die Masse heben. Mit Muskatnuss, Salz und Pfeffer abschmecken und den Teig zu Knödeln formen. In siedendem Salzwasser 20 Minuten ziehen lassen. Nicht kochen!

Rohe Kartoffelknödel

Schützen-Festzelt
Claudia und Eduard Reinbold

Für 8 Stück

1,5 kg Kartoffeln
250 ml Milch
200 g Grieß
Salz

Zubereitungszeit 50 Minuten

1. Die Kartoffeln schälen und mit der feinen Reibe reiben. Die Masse in einem Geschirrtuch trocken auspressen. Die Milch in einem Topf aufkochen. Dann den Grieß unter Rühren dazugeben.

2. Die Kartoffeln untermischen und mit Salz abschmecken. Aus dem Teig 8 Knödel formen und in reichlich siedendem Salzwasser etwa 25 Minuten ziehen lassen.

Der Weißwurstknödel

Münchner Knödelei
Florian und Bettina Oberndorfer

1. Den Toast fein würfeln und ein Drittel davon in 100 Gramm heißer Butter (eventuell in zwei Portionen) zu goldgelben Croûtons backen. Mit Salz und Pfeffer würzen. Zwiebel und Knoblauch abziehen und getrennt fein würfeln. Die Petersilie waschen, trocken schütteln, die Blättchen abzupfen und fein hacken.

2. Die Zwiebeln in der restlichen Butter anschwitzen. Dann die Kräuter und den Knoblauch dazugeben und mit Pfeffer würzen. Das Ganze auf die weichen Brotwürfel geben. Die Milch erwärmen. 2 Eier verquirlen und in einer Pfanne ein noch fast flüssiges Rührei herstellen. Die Milch und das Rührei zu den Brotwürfeln geben. Alles abdecken und etwa 10 Minuten ziehen lassen.

3. Inzwischen die übrigen Eier mit dem Brät aufschlagen. Die Weißwürste fein würfeln. Die Eier-Brät-Masse locker unter die Brotmasse heben, Weißwurstwürfel und Croûtons dazugeben. Alles vorsichtig unterheben und mischen. Den Knödelteig noch einmal abschmecken. Der Weißwurstknödel darf ruhig sehr würzig sein.

4. Reichlich Salzwasser in einem großen Topf aufkochen. Aus dem Teig Knödel formen, in das Wasser legen und alles kurz aufkochen. Die Hitze reduzieren und die Knödel in etwa 15 bis 20 Minuten gar ziehen lassen.

Für 4 Portionen

1 Packung Toastbrot (500 g)
250 g Butter
Salz, Pfeffer
1 Zwiebel
3 Knoblauchzehen
1 kleines Bund Blattpetersilie
etwas gerebelter Majoran
etwas Macis
250 ml Milch
7 Eier
100 g Kalbsbrät
3 Münchner Weißwürste

Zubereitungszeit 45 Minuten

Der Weißwurstknödel – die Sensation von 2005

Er war auch nach dem 12-Uhr-Läuten ein Genuss: Der Weißwurstknödel. Die Münchner Knödelei hat im Jahr 2005 für diese Kreation die zwei berühmtesten kulinarischen Botschafter der bayerischen Küche vereint: die Weißwurst und den Knödel. Zubereitet wie ein Semmelknödel – allerdings mit Kalbsbrät und Münchner Weißwürsten als zusätzliche Zutaten – trug die Weißwurst ohne Enden zur Bereicherung der Gaumenfreuden auf dem Oktoberfest 2005 bei.

Kasknödel kräftig und deftig

Münchner Knödelei
Florian und Bettina Oberndorfer

1. Das Weißbrot in feine Würfel schneiden. Die Zwiebel abziehen und würfeln. Die Hälfte des Brotes in 50 Gramm Butter goldgelb anrösten. Die Zwiebelwürfel in der restlichen Butter weich anschwitzen.

2. Die Milch leicht erwärmen. Den Käse in kleine Würfel schneiden. Knoblauch abziehen und fein hacken. Das geröstete Weißbrot und 100 Gramm vom ungerösteten Brot sowie alle übrigen Zutaten in eine Schüssel geben und zu einem feinen Teig verarbeiten. Wenn der Teig zu weich ist, um daraus Knödel zu formen, ihn mit weiteren Weißbrotwürfeln mischen.

3. Salzwasser in einem großen Topf aufkochen. Aus dem Teig Knödel formen, in das Wasser legen und alles kurz aufkochen. Die Hitze reduzieren und die Knödel je nach Größe in etwa 15 bis 20 Minuten gar ziehen lassen.

Schmeckt hervorragend zu Blattspinat und rahmigem Lauchgemüse.

Für 4 Portionen

300 g Weißbrot
1 Zwiebel
75 g Butter
60 ml Milch
100 g Fontina
100 g Taleggio
1/2 Knoblauchzehe
50 g Semmelbrösel
125 g Topfen (Quark; 40 % Fett)
3 Eier
60 g Wiener Griessler
(doppelgriffiges Mehl)
Salz, Pfeffer, Macis

Zubereitungszeit 40 Minuten

Blaukraut

Hühner- und Entenbraterei Wildmoser
Theres und Karl-Heinz Wildmoser

Für 6 Portionen

1 Kopf Blaukraut (ca. 1,25 kg)
250 ml Orangensaft
4 EL Essig
40 g Preiselbeerkompott
125 ml Rotwein
100 g Apfelmus
Salz, Pfeffer
Zucker
1 Lorbeerblatt
2 Nelken
1 große Zwiebel
80 g Enten- oder Schweinefett
250 ml Brühe
etwas Stärke (nach Belieben)

Zubereitungszeit 20 Minuten
Marinieren 24 Stunden
Schmoren 1 Stunde

1. Den Krautkopf putzen und vierteln. Von den Vierteln jeweils den harten Strunk entfernen, das Kraut in Streifen schneiden und in eine Schüssel geben.

2. Orangensaft, Essig, das Preiselbeerkompott, den Rotwein und das Apfelmus verrühren, mit Salz, Pfeffer, Zucker, Lorbeer und Nelken würzen. Diese Marinade über das geschnittene Blaukraut gießen. Das Kraut abgedeckt mindestens 24 Stunden marinieren lassen.

3. Die Zwiebel abziehen und in Streifen schneiden. Das Fett in einem Topf erhitzen und die Zwiebelstreifen darin glasig dünsten. Das Blaukraut hinzufügen und die Brühe angießen.

4. Das Blaukraut etwa 1 Stunde schmoren lassen. Dann eventuell nochmals nachwürzen. Falls gewünscht, den Krautsud leicht binden. Dazu etwas Stärke mit wenig Wasser verrühren und einrühren; noch kurz weiterrühren, bis die Flüssigkeit Bindung bekommen hat.

Eignet sich zusammen mit einem Knödel hervorragend als Beilage zu einem Braten oder auch zu Geflügel.

Bayrisch Kraut

Hühner- und Entenbraterei Ammer
Josef und Elisabeth Schmidbauer

1. Zwiebeln abziehen und würfeln. Das Kraut in feine Streifen schneiden. Die Zwiebeln in einem Topf in der Butter anschwitzen, das Kraut zugeben, mit Salz, Pfeffer, Kümmel und Majoran würzen. Mit etwas Brühe ablöschen und alles bei mäßiger Hitze 30 bis 40 Minuten schmoren lassen. Immer wieder etwas Brühe angießen.

2. Die Sahne zum Weißkraut geben und das Ganze nochmals etwas schmoren lassen. Das Bayrisch Kraut sollte nicht zu weich sein. Nach Belieben die Flüssigkeit mit etwas Stärke binden, wie links beim Blaukraut unter Punkt 4 beschrieben.

Schmeckt hervorragend zu gebratener Entenbrust (Rezept auf Seite 73).

Für 4 Portionen

50 g Zwiebeln
500 g Weißkraut
50 g Butter
Salz, Pfeffer
Kümmel, Majoran
250 ml Brühe
100 g Sahne
etwas Stärke (nach Belieben)

Zubereitungszeit 1 Stunde

Fass-Sauerkraut

Wirtshaus im Schichtl
Manfred Schauer

1. Das Sauerkraut in einem Sieb mit kaltem Wasser abbrausen, eventuell mehrmals, wenn es sehr sauer ist. Abtropfen lassen. Zwiebel abziehen und grob würfeln.

2. In einem großen Topf das Schmalz erhitzen und die Zwiebelwürfel darin glasig werden lassen. Das Kraut, je 1 Prise Salz und Zucker sowie die übrigen Gewürze zufügen. Den Apfel schälen und dazureiben, dann etwas Brühe angießen.

3. Das Kraut bei milder Hitze zugedeckt etwa 45 Minuten schmoren lassen, nach Bedarf Brühe zugießen. Mit Salz und Zucker abschmecken.

Für 6 Portionen

1 kg frisches Fass-Sauerkraut
1 Zwiebel
2 EL Griebenschmalz
Salz, Zucker, 1 Lorbeerblatt
1/2 TL Wacholderbeeren
1 süßsaurer Apfel
200 ml Brühe

Zubereitungszeit 1 Stunde

Obatzda

 **Hippodrom**
Sepp Krätz

1. Die Knoblauchzehe abziehen und fein hacken. Den Schmand oder die Crème fraîche mit dem Weißbier verrühren. 1 Messerspitze gemahlenen Kümmel und ganzen Kümmel, Paprikapulver, Knoblauch und Zwiebelwürfel sowie Salz und 1 Prise Zucker untermischen.

2. Den Camembert in kleine Würfel schneiden. Ein Drittel davon zu der Mischung geben und diese in der Küchenmaschine mit dem Hackmesser zu einem gleichmäßigen Brei verarbeiten. Den restlichen Camembert dazugeben und die Masse nur kurz pürieren. Es sollten noch kleine Stücke des Camemberts zu sehen sein.

3. Den Obatzdn anrichten und nach Belieben schwarzen Pfeffer darübermahlen.

Dazu schmecken Schnittlauchbrot und eine resche Brezn.

Tipp Am besten eignet sich für einen Obatzdn ein reifer und damit durch und durch weicher Camembert. Auf keinen Fall sollte ein sehr junger Käse verwendet werden, der innen noch fest ist, sonst bekommt der Obatzde eine zu körnige Konsistenz. Außerdem bringt reifer Käse ein angenehm kräftig-würziges Aroma mit.

Für 4 Portionen

1 kleine Knoblauchzehe
4 EL Schmand oder Crème fraîche
50 ml Weißbier
gemahlener Kümmel
1/2 TL Kümmel
1 TL edelsüßes Paprikapulver
1 EL gehackte Zwiebel
Salz
Zucker
500 g reifer Camembert
schwarzer Pfeffer aus der Mühle
(nach Belieben)

Zubereitungszeit 10 Minuten

Münchner **Kartoffelsalat**

Stiftl-Festzelt
Lorenz Stiftl

Für 4 Portionen

1 kg festkochende Kartoffeln
1 Zwiebel (50 g)
5 EL Öl
200 ml Rinderbrühe
60 ml Essig
30 g mittelscharfer Senf
25 g Salz
Pfeffer
30 g Zucker
gehackter Schnittlauch und Petersilie
(nach Belieben)

Zubereitungszeit 40 Minuten

1. Die Kartoffeln waschen und mit der Schale etwa 20 Minuten garen. Kartoffeln abgießen, abtropfen und kurz auskühlen lassen. Die Kartoffeln pellen, noch heiß in Scheiben schneiden und in eine große Schüssel geben. Die Zwiebel abziehen und fein würfeln. 2 Esslöffel Öl in einem Topf erhitzen und die Zwiebeln darin glasig dünsten.

2. Die Rinderbrühe dazugießen und den Topf von der Herdplatte nehmen. Essig, restliches Öl und Senf unter die Brühe rühren und die Marinade über die noch warmen Kartoffelscheiben gießen. Mit Salz, Pfeffer und Zucker würzen, vorsichtig mischen und den Kartoffelsalat abkühlen lassen.

3. Vor dem Servieren den Salat mit Salz und Pfeffer nachwürzen. Bei Bedarf noch etwas Brühe dazugießen, der Salat sollte »saftig« sein. Nach Belieben mit gehacktem Schnittlauch und Petersilie bestreuen.

Tipp Der Kartoffelsalat schmeckt gut zu einer Portion abgebräuntem Leberkäs: Eine 1,5 Zentimeter dicke Scheibe Leberkäse in 1 Esslöffel Butter schön braun anbraten. Mit etwas Bratenjus servieren.

Kartoffelgratin

Wirtshaus im Schichtl
Manfred Schauer

1. Die Kartoffeln schälen und in etwa 3 Millimeter dicke Scheiben schneiden. Den Backofen auf 175 °C (Umluft 160 °C) vorheizen. Eine feuerfeste Form ausbuttern und die Kartoffelscheiben fächerartig in Schichten einlegen.

2. Die Kartoffeln mit gesalzener Sahne übergießen, mit 1 Prise Pfeffer und Muskat würzen. Den geriebenen Käse darüberstreuen und das Gratin im Backofen (Mitte) in 40 bis 50 Minuten goldbraun backen.

Schmeckt gut als Beilage zu Fleisch- und Fischgerichten.

Tipps Man kann auch die Hälfte der Kartoffeln durch Kohlrabi ersetzen und mit den Kartoffeln im Wechsel in die Form schichten.
Leichter wird das Kartoffelgratin, wenn man statt eines Teils der Sahne Milch verwendet.

Für 4 Portionen

1 kg mehligkochende Kartoffeln
1 Prise Salz
400 g Sahne
Pfeffer, frisch gemahlene Muskatnuss
100 g geriebener Käse (z. B. Emmentaler, Gouda)

Zubereitungszeit 30 Minuten
Garen 50 Minuten

Steinpilzravioli

 **Schützen-Festzelt**
Claudia und Eduard Reinbold

Für 4 Portionen

300 g Kartoffeln
Salz
150 g Steinpilze
10 g Basilikumblätter
2 Schalotten
80 g Butter
Pfeffer
120 g Mehl
3 Eigelb
frisch gemahlene Muskatnuss
Mehl zum Arbeiten

Zubereitungszeit 1 Stunde

1. Die Kartoffeln waschen und mit der Schale in Salzwasser gar kochen. Inzwischen für die Füllung die Steinpilze putzen und klein schneiden. Die Basilikumblätter klein schneiden. Die Schalotten abziehen und fein würfeln.

2. Die Butter in einer Pfanne erhitzen und die Schalotten darin anschwitzen. Dann die Steinpilze und das Basilikum dazugeben, mit Salz und Pfeffer würzen und auskühlen lassen.

3. Die gekochten Kartoffeln abgießen, schälen und noch heiß durch eine Kartoffelpresse drücken. Mehl und Eigelb zugeben. Mit Salz, Pfeffer und Muskatnuss würzen und alles zu einem glatten Teig verrühren.

4. Den Teig auf einer bemehlten Arbeitsfläche dünn ausrollen und die Steinpilzmasse in kleinen Häufchen auf der einen Hälfte der Teigplatte verteilen. Die andere Hälfte darüberklappen. Die Zwischenräume festdrücken.

5. In einem großen Topf reichlich Salzwasser aufkochen und leicht sieden lassen. Die Ravioli mit einem Teigrädchen voneinander trennen und in das siedende Wasser geben. Etwa 4 Minuten ziehen lassen, herausheben und sofort servieren.

Reiberdatschi mit Blattspinat und angemachtem Quark

 **Festhalle Schottenhamel**
Christian und Peter Schottenhamel

Für 4 Portionen

Für den Quark

250 g Quark (40 % Fett)
1 Bund Schnittlauch
Salz, Pfeffer
Zucker
1 kleine Knoblauchzehe
(nach Belieben)

Für die Reiberdatschi

750 g Kartoffeln »Ditta«
1 Zwiebel
75 g Schmand
Salz, Pfeffer
frisch gemahlene Muskatnuss
Butterschmalz zum Ausbacken

Für den Spinat

500 g frischer Blattspinat
100 g Schalotten
1 Knoblauchzehe
100 g Butter
Salz, Pfeffer
frisch gemahlene Muskatnuss

Zubereitungszeit 35 Minuten

1. Für den Quark den Schnittlauch waschen, trocken schütteln und in Röllchen schneiden. Mit Salz, Pfeffer und 1 Prise Zucker zum Quark geben und verrühren. Nach Belieben den Knoblauch abziehen und dazupressen.

2. Für die Reiberdatschi die Kartoffeln schälen und fein reiben. Ein Sieb mit einem Küchentuch auslegen und die Kartoffelmasse zum Abtropfen in das Sieb geben. Die Zwiebel abziehen und ebenfalls fein reiben. Mit der abgetropften Kartoffelmasse mischen. Den Schmand und die Gewürze gut untermengen.

3. Das Butterschmalz in einer Pfanne erhitzen und pro Reiberdatschi je 1 Esslöffel Kartoffelmasse in das heiße Fett geben, mit dem Esslöffel flach streichen und auf beiden Seiten goldgelb backen.

4. Inzwischen den Spinat waschen, verlesen, kurz blanchieren und in Eiswasser abschrecken. Schalotten und Knoblauch abziehen und fein würfeln. Die Butter erhitzen und Schalotten und Knoblauch darin anschwitzen. Den Blattspinat dazugeben und mit Salz, Pfeffer und Muskat abschmecken.

5. Die Reiberdatschi mit dem Spinat auf Tellern anrichten, den Quark nach Belieben separat dazu servieren.

Rahmschwammerl

Ochsenbraterei (Spatenbräu-Festhalle)
Hermann und Anneliese Haberl, Antje Schneider

1. Die Pilze sauber putzen (am besten mit einem feuchten Tuch, einem Pinsel oder einer weichen Bürste). Größere Pilze halbieren oder vierteln, kleine ganz lassen. Die Zwiebel abziehen und fein würfeln. 2 Esslöffel Butter in einem Topf zergehen lassen. Zwiebeln und Pilze darin 10 bis 15 Minuten dünsten. Mit Salz und Pfeffer würzen.

2. Inzwischen die Petersilie waschen und trocken schütteln. Die Blättchen abzupfen und fein hacken. Die restliche Butter erhitzen, das Mehl zugeben und unter Rühren leicht anbräunen. Mit der Brühe und dem Wein ablöschen und alles kurz aufkochen lassen. Mit Salz und Pfeffer würzen.

3. Die Sahne hinzugeben, unterrühren und die Sauce unter ständigem Rühren in die Pilze gießen. Knoblauch abziehen und dazupressen. Mit Salz sowie etwas Zitronensaft abschmecken und mit der Crème fraîche verfeinern. Zum Schluss die Petersilie darüberstreuen.

Dazu schmecken Semmelknödel (Rezept auf Seite 82).

Für 8 Portionen

1,2 kg Egerlinge, Champignons und je nach Saison Pfifferlinge und Steinpilze
1 Zwiebel
3 EL Butter
Salz
weißer Pfeffer aus der Mühle
1 Bund Blattpetersilie
4 EL Mehl
500 ml Brühe
500 ml trockener Weißwein
400 g Sahne
1 kleine Knoblauchzehe
etwas Zitronensaft
1 EL Crème fraîche

Zubereitungszeit 45 Minuten

Krautspätzle mit Bierzwiebeln

Winzerer Fähndl (Paulaner Festhalle)
Arabella und Peter Pongratz

Für 4–6 Portionen

Für das Kraut
1 kleine Schalotte
1 EL Öl
200 g Sauerkraut
3 Wacholderbeeren
1 Lorbeerblatt
2 EL Zucker, 1 TL Senf

Für die Bierzwiebeln
2 Gemüsezwiebeln
50 g Butter, Salz
150 ml dunkles Bier

Für den Spätzleteig
250 g Mehl
120 g Wiener Griessler
100 g Quark
6 Eier, 2 Eigelb
1 TL Salz

Zum Fertigstellen
100 g Bergkäse
150 g Emmentaler
1 Bund Schnittlauch
30 g Butter
Salz, Pfeffer
frisch gemahlene Muskatnuss
120 g Sahne

Zubereitungszeit 45 Minuten

1. Für das Kraut die Schalotte abziehen und fein würfeln, in einem Schnellkochtopf im Öl andünsten. Das Sauerkraut aufgelockert dazugeben und ebenfalls andünsten. Etwa 200 Milliliter Wasser, Wacholderbeeren und das Lorbeerblatt zufügen, Zucker und Senf untermischen und das Kraut im geschlossenen Topf bei mäßiger Hitze in etwa 10 Minuten gar dünsten.

2. Inzwischen die Zwiebeln abziehen und in Streifen schneiden. Die Zwiebelstreifen in einer großen Pfanne bei niedriger bis mittlerer Hitze in der Butter anbraten, mit Salz würzen. Das Bier angießen und die Flüssigkeit einkochen lassen.

3. Währenddessen für die Spätzle das Mehl in eine Schüssel geben, Wiener Griessler, Quark, etwas Wasser, Eier, Eigelb und Salz daruntermischen und so lange zu einem glatten Teig verrühren, bis er Blasen wirft. Den Teig mit einem Spätzlehobel in kochendes Salzwasser hobeln. Die Spätzle darin einige Minuten garen, bis sie an der Oberfläche schwimmen. Mit einem Schaumlöffel herausheben und abschrecken.

4. Den Käse reiben. Den Schnittlauch waschen, trocken schütteln und in Röllchen schneiden. Die Butter in einer Pfanne erhitzen und die Spätzle darin erwärmen. Das gekochte Sauerkraut und den Käse dazugeben, mit Salz, Pfeffer und Muskatnuss würzen.

5. Die Sahne angießen, verrühren und das Ganze nochmals abschmecken. Die Krautspätzle auf Tellern anrichten und mit dem Schnittlauch und den Bierzwiebeln garnieren.

Tipp Man kann auch fertig gegartes Sauerkraut verwenden.

Andechser Bergkäsespätzle mit Zwiebel-Birnen-Schmelze

Hippodrom
Sepp Krätz

Für 4 Portionen

500 g Mehl
5 Eier
Salz
200 g Zwiebeln
1/2 Birne (100 g)
250 g Andechser Bergkäse
40 g Butter
100 ml Rinderkraftbrühe
100 g Sahne
Pfeffer aus der Mühle
frisch gemahlene Muskatnuss
Zucker

Zubereitungszeit 25 Minuten

1. Das Mehl in eine Schüssel geben. Eier, 1 Teelöffel Salz und 50 Milliliter Wasser zufügen und alles zu einem glatten Teig verrühren. Den Teig schlagen, bis er in dicken Tropfen vom Löffel fällt. Bei Bedarf noch etwas Wasser zufügen.

2. Die Zwiebeln abziehen, 1 davon fein würfeln, die übrigen in Scheiben schneiden. Die Birne schälen, vom Kerngehäuse befreien und würfeln. Den Käse reiben.

3. Den Teig mit einem Spätzlehobel in gut gesalzenes, kochendes Wasser hobeln. Etwa 3 bis 4 Minuten garen und anschließend mit kaltem Wasser abschrecken.

4. Für die Zwiebel-Birnen-Schmelze 20 Gramm Butter in einer Pfanne erhitzen und die Zwiebelwürfel darin etwa 2 bis 3 Minuten glasig anschwitzen. Die Birnenwürfel dazugeben, unterrühren und nochmals 2 bis 3 Minuten dünsten.

5. Für die Käsespätzle die restliche Butter in einer großen Pfanne erhitzen, die Zwiebelscheiben hinzugeben und so lange anschwitzen, bis sie eine leicht braune Note haben und ein angenehmer Duft entsteht.

6. Die Brühe und die Sahne aufgießen und mit Salz, Pfeffer, Muskat und Zucker würzen. Die Spätzle zugeben und erhitzen. Zuletzt den Bergkäse bei schwacher Hitze unterrühren, bis er geschmolzen ist. Mit der Zwiebel-Birnen-Schmelze servieren.

Herzhafter **Kaiserschmarrn**

Café Kaiserschmarrn
Magnus und Gerhard Müller-Rischart

1. Das Mehl mit 1 Prise Salz und der Milch zu einem glatten Teig verrühren. Anschließend die Eier unter den Grundteig rühren. Das Mineralwasser hinzufügen und unterrühren. Den Teig beiseitestellen.

2. Den Speck in Würfel schneiden. Die Zwiebeln abziehen und fein würfeln. Die Kartoffeln ohne Schale in Scheiben schneiden. Den Speck mit ein wenig Butterschmalz in einer beschichteten Pfanne glasig braten. Kartoffelscheiben und die Zwiebeln hinzufügen und mit Salz und Pfeffer würzen. Nach Belieben mit Majoran oder Kümmel verfeinern. Alles hell anbraten.

3. Dann mit dem Kaiserschmarrnteig bedecken. Bei mittlerer Hitze auf beiden Seiten goldgelb backen. Mit zwei Pfannenwendern den Kaiserschmarrn zerteilen, mit gehackter Petersilie bestreuen und auf vorgewärmten Tellern anrichten.

Ein gemischter Salat schmeckt dazu besonders gut.

Für 4 Portionen

125 g Weizenmehl
Salz
100 ml Milch
3 Eier
200 ml Mineralwasser
400 g Speck (geräuchertes Wammerl)
2 Zwiebeln
6 gekochte Kartoffeln vom Vortag
Butterschmalz
Pfeffer
Majoran oder Kümmel (nach Belieben)
1 EL gehackte Petersilie

Zubereitungszeit 20 Minuten

Ofenwarmer Fränkischer Speck-Zwiebelkuchen

 **Kufflers Weinzelt**
Roland, Doris und Stephan Kuffler

Für 4 Portionen

Für den Teig

300 g Mehl

120 g Butter oder Schweineschmalz

1 Ei

je 1 Prise Salz und frisch gemahlene Muskatnuss

Butter für die Form

Für die Füllung

400 g Zwiebeln

100 g geräucherter, durchwachsener Speck (Wammerl)

Salz, Pfeffer

Majoran

6 Eier

250 ml Milch

250 g Sahne

frisch gemahlene Muskatnuss

30 g Weizenstärke

50 g geriebener Emmentaler

Zubereitungszeit 30 Minuten

Backen 30 Minuten

1. Für den Teig aus allen Zutaten und 120 Milliliter Wasser einen glatten Teig kneten und diesen zugedeckt ruhen lassen.

2. Für die Füllung die Zwiebeln abziehen und in feine Scheiben schneiden. Den Speck klein würfeln. Die Zwiebeln mit dem Speck anschwitzen, dabei mit Salz, Pfeffer und Majoran würzen. Beiseitestellen.

3. Eier, Milch und Sahne miteinander verquirlen. Mit Salz, Pfeffer und Muskat kräftig abschmecken und die Weizenstärke einrühren.

4. Backofen auf 180 °C (Umluft 160 °C) vorheizen. Eine Spring- oder Tarteform buttern und mit dem ausgerollten Teig auskleiden, dabei einen hohen Rand formen. Die Zwiebel-Speck-Masse einfüllen und mit der Eiermilch gleichmäßig begießen.

5. Den Emmentaler über den Speck-Zwiebelkuchen streuen und diesen im Ofen (Mitte) etwa 30 Minuten backen, bis die Flüssigkeit stockt (das sieht man gut, indem man die Kuchenform vorsichtig schüttelt).

Zu einem guten fränkischen Weißwein lauwarm servieren.

Breznpflanzerl auf Gorgonzola-Spinat

Winzerer Fähndl (Paulaner Festhalle)
Arabella und Peter Pongratz

Für 4 Portionen

Für die Pflanzerl
100 g Möhren
Salz
3 altbackene Brezn
2 Eier, 1 Eigelb
100 g Pilze
1 EL Öl
1 Gemüsezwiebel
1 Knoblauchzehe
60 g Butter
2 EL Mehl
2 EL gehackte Petersilie
Pfeffer
frisch gemahlene Muskatnuss

Für den Spinat
300 g TK-Blattspinat
2 Schalotten
1 Knoblauchzehe
2 EL Butter
200 g Sahne
80 g Gorgonzola
Salz, Pfeffer
frisch gemahlene Muskatnuss

Zubereitungszeit 50 Minuten

1. Die Möhren waschen, schälen und putzen. In kleine Stücke schneiden und in kochendem Salzwasser bissfest kochen, dann kalt abschrecken.

2. Die Brezn in dünne Scheiben schneiden, mit den Eiern und dem Eigelb vermengen und einweichen lassen. Inzwischen die Pilze putzen, grob zerkleinern und im Öl braten. Zwiebel und Knoblauch abziehen, fein würfeln und in 10 Gramm Butter dünsten.

3. Möhren und Pilze mit Zwiebelwürfeln und Knoblauch mischen und das Mehl darübergeben. Die Gemüsemischung zu den eingeweichten Brezn geben. Die Petersilie untermischen, die Gewürze dazugeben, etwas salzen und den Teig gründlich kneten.

4. 8 bis 12 Pflanzerl formen und diese bei mäßiger Hitze in der übrigen Butter beidseitig braten.

5. Inzwischen den Spinat auftauen lassen. Die Schalotten und den Knoblauch abziehen, fein würfeln und in einer zweiten Pfanne in der zerlassenen Butter andünsten. Die Sahne und den aufgetauten Spinat dazugeben, kurz aufkochen und dann etwa 5 Minuten köcheln lassen.

6. Den Käse zerbröckeln und unter den Spinat mischen. Mit Salz, Pfeffer und Muskatnuss abschmecken. Die Pflanzerl mit dem Spinat anrichten und das Gericht servieren.

Schupfnudeln mit Mangold und Bergkäse

Hippodrom
Sepp Krätz

1. Die Kartoffeln mit der Schale in Salzwasser gar kochen, abgießen, pellen, etwas ausdampfen lassen und durch eine Kartoffelpresse drücken. Mit Mehl, Eigelb, 1 Prise Muskatnuss sowie Salz und Pfeffer zu einem gleichmäßigen Teig verkneten.

2. Aus dem Teig schnell kleine fingerdicke Nudeln formen. Dafür kleine Portionen Teig mit bemehlten Handflächen auf einer Arbeitsfläche in etwas Mehl hin- und herrollen. Die Kartoffelnudeln gleich in siedendes Salzwasser geben, ca. 2 Minuten aufkochen, herausnehmen und ausdampfen lassen. Öl darübergeben und vorsichtig vermischen.

3. Den Käse reiben. Den Mangold waschen, putzen und trocken schütteln. Die Butter in eine vorgeheizte Pfanne geben, die Schupfnudeln hinzufügen und rösten, bis sie goldbraun sind. Die Schalotten und den Mangold untermischen.

4. Mit Salz, Pfeffer und Muskatnuss würzen und anschließend mit dem Bergkäse bestreuen. Das Gericht auf vorgewärmten Tellern anrichten und sofort servieren.

Tipp Schupfnudeln kann man auch mit Speckwürfeln und Sauerkraut servieren.

Für 2 Portionen

250 g mehligkochende Kartoffeln
125 g Mehl
2 Eigelb
frisch gemahlene Muskatnuss
Salz, Pfeffer
Mehl zum Arbeiten
1 EL Öl
100 g Bergkäse
50 g junger Mangold
40 g Butter
2 EL fein gehackte Schalottenwürfel

Zubereitungszeit 40 Minuten

Höhepunkte der Wiesn

Auf der Wiesn hat sich über die letzten 200 Jahre hinweg einiges verändert. Das Pferderennen wird nicht mehr abgehalten, und auch sonst gab es viele Neuerungen. Der Einzug der Wiesn-Wirte, der Anstich des ersten Wiesn-Fasses oder der Trachten- und Schützenumzug – das sind heutzutage die Höhepunkte des Oktoberfestes.

Der Einzug der Wiesn-Wirte auf dem Oktoberfest

An jedem ersten Wiesn-Samstag bewegen sie sich von der Sonnenstraße in Richtung Theresenwiese: die üppig geschmückten Brauereigespanne, auf denen mit Girlanden ausstaffierte Bierfässer transportiert werden, die Festwagen mit Maßkrug schwenkenden Kellnerinnen und die Kutschen der Wirte und Schausteller mitsamt ihren Familien. Angeführt werden sie alle vom Münchner Kindl und dem amtierenden Oberbürgermeister. Im Tross sorgen die Musikkapellen für zünftige Klänge.

Der Steyerer Hans

Seit 1887 schon bildet der Einzug der Wirte den zentralen Wiesn-Auftakt. Eigentlicher Begründer ist – so erzählt man sich's – der aus Pasing stammende Steyerer Hans gewesen, der in den 1880er-Jahren zu einem bekannten Wiesn-Wirt wurde. Hans, der eigentlich Metzger war, wurde auch der »bayerische Herkules« genannt, denn er war imstande, ein ganzes, volles Bierfassl allein, nur mithilfe von Daumen und Zeigefinger zu

stemmen! Auch auf der Wiesn wollte der herkulinische Hans ein Gewichtiger sein. Am Eröffnungstag der Wiesn von 1887 fuhr der Mann einfach einmal so mit der Kutsche direkt von seiner in Giesing gelegenen Wirtschaft zu der ihm gehörenden Wirtsbude auf die Wiesn – vierspännig, die Musikkapelle, seine getreuen Kellnerinnen, Schankkellner und die Köchinnen an seiner Seite. Obwohl ihm die Fahrt verboten worden war! Aber wie's Ihr euch denken könnt: Dem Hans schrieb so leicht keiner was vor.

Ihr Manfred Schauer, d.S.v.d.W.

Jetzt wird's amtlich – der Anstich

Nach dem Einzug in die Zelte hat dann der amtierende Oberbürgermeister die ehrenvolle Aufgabe, das erste Bierfass der neuen Wiesn anzustechen und das Oktoberfest damit feierlich zu eröffnen. Traditioneller Ausführungsort ist das Schottenhamel-Festzelt. Der Brauch geht zurück auf den Münchner Oberbürgermeister Thomas Wimmer, der 1950 zum ersten Mal das Bier in besagtem Zelt zum Strömen brachte – damals mit 19 Stößen.

Heute wie damals bewegt die Frage, wie geschickt sich der OB beim Anstich anstellt, die Gemüter des Wiesn-Volks. Der OB Ude hat sich in den Jahren 2005, 2008 und 2009 wacker mit nur jeweils zwei Stößen geschlagen. Um Punkt 12 Uhr heißt's dann in jedem Falle »O'zapft is!«. Hernach wird durch zwölf zu den Füßen der Bavaria losgelassene Böllerschüsse das Zeichen für den offiziellen Ausschankbeginn gegeben. Nun ist es auch den anderen Wiesn-Wirten erlaubt, ihre Fässer anzuzapfen, und die Wiesn kann ihren gewohnten, fröhlichen Lauf nehmen.

Der erste Hirsch

Die Pferdeln müssen fernbleiben aus den schönen Zelten, obwohl sie beim Einziehen geholfen haben. Jedoch gibt's auf der Wiesn noch ganz anderes Getier, das durchaus in die Zelte darf, sogar muss. Gemeint sind nicht die in rauen Mengen gebackenen Hendl und Ochsen, sondern die Tiere des Waldes, allen voran die Hirsche. So werden nämlich von jeher die stolzen 200-Liter-Bierfässer genannt, die eben ungefähr so viel wiegen wie ein anständig ausgewachsener Hirsch.

Das erste angestochene Bierfassl ist auch ein Hirsch. Früher gab's aber auch 15, 30 oder 50 Liter fassende »Reherl« und »Haserl« auf der Wiesn.
Waidmanns Heil!
Ihr Manfred Schauer, d.S.v.d.W.

Der Trachten- und Schützenumzug

Einen Tag nach dem Anstich, am ersten Wiesn-Sonntag, ziehen dann die Schützen- und Trachtenvereine mit ihren geschmückten Festwägen durch die Stadt. Auch das Münchner Kindl ist wieder mit dabei. Neben dem Oberbürgermeister zählt der amtierende bayerische Ministerpräsident zu den traditionellen Ehrengästen, die den Zug in ihren Kutschen begleiten. Bei dem Umzug, der vom Maximilianeum durch die Innenstadt bis zur Festwiese führt, gibt es rund 9.500 Mitwirkende: Festlich gekleidete Trachtler, Sport- und Gebirgsschützen, Fahnenschwinger, Spielmanns- und Fanfarenzüge geben sich ein Stelldichein. Neben Gruppen aus allen Teilen Deutschlands sind außerdem zahlreiche Delegationen aus ganz Europa vertreten. Sie künden vom internationalen Flair der Wiesn.

Der Umzug fand erstmals 1835 statt, anlässlich der Silberhochzeit von König Ludwig I. und Therese von Bayern. Seit 1950 ist er fester Bestandteil jeder Wiesn.

Beim Trachten- und Schützenumzug wechseln sich Schäffler und Gebirgsschützen mit festlich gekleideten Trachtlern, bunten Fahnenschwingern und Musikzügen ab.

Die bayerische Tracht

In ganz Bayern hat das Traditionsgewand regionale Varianten. Und die kann man auf dem jährlichen Trachtenumzug bewundern. In der »Region Wiesn« wird oftmals angenommen, ein Dirndl oder eine Lederhose lasse einen zum Bayern mutieren. Aber weit gefehlt, meine Damen und Herren. Man wird Euch trotzdem als Nicht-Bayern erkennen!
Mit Verlaub,
Ihr Manfred Schauer, d.S.v.d.W.

105

Wiesn-Betrieb – Seitenblicke

Betrachtet man das Wiesn-Spektakel von der Seite, offenbaren sich einem so einige Sensationen der ganz anderen Art: Wir schauen jetzt also in die Küchen und auf die Menschen, die drinnen arbeiten. Wir ehren meine ganz persönliche Wiesn-Königin und würdigen alle stillen Helfer, die sauber machen, für Ordnung sorgen, auf unsere Gesundheit aufpassen …

 ### Essen auf der Wiesn

Von der Qualität her schätze ich nicht nur Trank, sondern auch Speis auf der Wiesn als grundsätzlich gut bis sehr gut ein. Weil man immer die Relation sehen muss: Auf der Wiesn unterliegt

Während in den Zelten zum Bier Hendl und allerlei Deftiges serviert wird, locken in den Buden an der Straße süße Versuchungen wie gebrannte Mandeln, Zuckerwatte, türkischer Honig und glasierte Früchte.

das Preis-Leistungs-Verhältnis nicht der absoluten Neutralität, denn die Kosten sind immens. Zwar verdienen die Köche auf der Wiesn mehr als die normalen Köche »draußen«, aber es ist auch ein brutaler Job: Und Leistung nonstop kostet eben ihr Geld. Schon in den kleinen Zelten, so wie in meinem, geht's rund. Doch nehmen wir mal ein großes Zelt, wo zwischen dreieinhalb und siebentausend Leute drinnen herumsitzen – und zwar nicht die ganze Zeit dieselben – da geh'n dann am Tag mal rund zehn-

bis fünfzehntausend Essen raus. Man wird sich denken: kleines Zelt, kleine Küche, großes Zelt, große Küche. Aber proportional wachsen die Küchen halt nicht uneingeschränkt mit, mit der Größe der Zelte. Drum geht's da in der Küche hoch her und recht eng zu. Aus diesem Grunde erscheint mir die Leistung der Kochenden und des ganzen Küchenpersonals in diesem Drumherum schon ganz besonders würdigenswert zu sein. Also, meine ganze Anerkennung den Kalorienjongleuren in ihren Hitzekammern.

Die wahre Wiesn-Königin

Nein, das ist nicht die Bavaria, die sichtbar über der Wiesn thront. Das ist auch nicht eine der Festwirtinnen und schon gar nicht eine vom Fernsehen als schönste und lustigste Münchnerin gewählte. Die Königin, von der ich hier spreche, hat eine relativ kurze Regierungsperiode, und auf der Wiesn gibt es sie tausendfach … richtig: die Bedienung!

Sie regiert sechzehn Tage in ihrem eigenen kleinen Hoheitsgebiet. Oft schon seit Jahren, aber es werden auch jährlich immer wieder neue »dazuerkoren«. Es gibt zwar auch strenge oder etwas ruppige Regentinnen, aber doch überwiegend fesche, lustige und überaus liebenswerte – übrigens auch viele männliche »Prinzregenten«. Das kommt aber auch immer auf das zu regierende Volk an. Verhält sich dieses friedlich und ist in guter Stimmung, dann geht es der Monarchie gut und somit auch dem Volke, denn dann ist die schnelle und gute Versorgung der »Untertanen« gewährleistet.

Die guten Geister der Wiesn

Weh! … Die Geister, die ich rief, werd ich nun nicht mehr los! … Ja, Gott sei Dank! Darüber, dass es die ge- beziehungsweise be-rufenen Geister auf der Wiesn gibt, dürfen wir Normalsterblichen sehr froh sein. Zu jener Spezies zählen vor allem die ehrenamtlichen Helfer, wie die zahllosen Sanitäter und Ärzte des Roten Kreuzes, die sich um die Folgen des bösen Geistes Alkohol kümmern und größere wie kleinere Wehwehchen versorgen. Feuerwehr und Polizei sind auch im ständigen Einsatz, damit wir eine ruhige Wiesn genießen können: Schlägereien werden geschlichtet, Maßkrugdiebe verfolgt … Und dann gibt's da noch die anderen guten Geister, diejenigen, die im wahrsten Sinne des Wortes die Drecksarbeit machen und sich für unsere Hygiene ins Zeug legen: Klofrauen und -männer, Putzkolonnen, Straßenreiniger, Arbeiter der Müllabfuhr. Bedenke, lieber Gast: Da kommen auf sechzehn Tage mehrere hundert Tonnen Müll zusammen. Hut ab vor den Bekämpfern dieser Abfallflut.

Aufschwung Mitte

Aus rein münchnerisch-geografischer Betrachtung hat das Wirtschaftspotenzial der Wiesn nichts mit Aufschwung Ost oder West zu tun. Dieser Aufschwung ist regelmäßig und kommt aus der Mitte. Der sogenannte Bauch Münchens, das Quartier der Großmarkthalle und des Schlachthofes, bekommt durch das sich nördlich anschließende Gelände der Wiesn eine ausgesprochen wohltuende Ausbeulung.

Ihr Manfred Schauer, d.S.v.d.W.

Die Schausteller

Ohne Schaustellungen wäre die Wiesn einfach nicht die Wiesn. Den Höhepunkt ihres Publikumserfolges erlebten diese schillernden, manchmal lustigen oder auch skurrilen Veranstaltungen um 1900. Damals gab es eine Vielzahl solcher Unternehmungen, weitaus mehr als heute.

A weng wia damois

Die ursprüngliche Schaustellerei ist durch die modernen, aufwendigen Fahrgeschäfte heute etwas in den Hintergrund geraten. Es lohnt sich aber, den Traditionsveranstaltungen, die noch auf der Wiesn vertreten sind, einen Besuch abzustatten. Überlebt haben zum Beispiel der Flohzirkus, das Steilwandmotorradfahren, die Frau ohne Unterleib und ich, der Schichtl, übrigens mit Unterleib – Gott sei Dank.

Ihr Manfred Schauer, d.S.v.d.W.

Was alles zu sehen war

Bis vor ungefähr 50 Jahren erfreuten sich die Schausteller einer ungeheuren Popularität. Es gab sogenannte Panoptiken, in denen alles Mögliche zu sehen war, was man damals eben als sehenswert erachtete. Es wurden z. B. die dicksten Menschen gezeigt. Beliebt waren auch die akrobatischen Aufführungen der Turnergruppen. Seit den 1930er-Jahren wurde eine ganze Liliputanerstadt aufgebaut, die bis 1961 eine Sensation auf der Wiesn blieb. Berühmt war der Schausteller Carl Gabriel, der 1892 mit dem Wachsfigurenkabinett, das bereits sein Vater betrieben hatte, zum Oktoberfest kam. 1902 eröffnete er dann ein neuartiges Wirts- und Vergnügungszelt mit einer Pferdereitbahn im Inneren: das Hippodrom. 1910 brachte er das Teufelsrad mit dem Steilwandfahren und Motorbootfahrten auf künstlichen Seen auf die Wiesn. Schon Karl Valentin, Bertolt Brecht und Liesl Karlstadt haben sich hier amüsiert – natürlich auch beim Schichtl.

Als im Hippodrom noch Pferdl waren

Es gab noch echte lebendige Pferde im Hippodrom. Schwindelfrei waren sie wahrscheinlich, weil im Hippodrom gings hauptsächlich rund – für Pferd und Mensch. Schließlich standen die Pferdl auf der Reitbahn jedermann und selbstverständlich auch jeder Frau gegen ein entsprechendes Entgelt zur Verfügung, um seine bzw. ihre Reitkünste zu erproben. Steter Unterhaltungsstoff für die darum herum sitzenden Zeltgäste.

Der Rekommandeur vor dem Zelt war eine Legende und nebenbei auch Kofferträger vom Hauptbahnhof. Oder umgekehrt. Vielleicht war er auch ein legendärer Kofferträger, der im Hauptbahnhof nicht rekommandieren durfte. Er hatte auch eine Peitsche in Benützung. Trotzdem und in aller Deutlichkeit: Der Mann an sich galt als friedfertig.

Ihr Manfred Schauer, d.S.v.d.W.

Völkerschauen auf der Wiesn

Carl Gabriel organisierte auch Völkerschauen, auf denen Menschen aus den verschiedenen Erdteilen gezeigt wurden. Gemeinsam mit dem Hamburger Carl Hagenbeck veranstaltete er zum Beispiel eine »Riesenvölkerschau«, die sich aus einem Sudanesen-Dorf, einer Ecke »Wildwest« mit Indianern und Cowboys sowie einigen Arabern zusammensetzte. Zu Gabriels Repertoire gehörten zudem Tierschauen – darunter eine Ausstellung von angeblich 1000 Alligatoren und eine zusammen mit Hagenbeck veranstaltete Eisbärenschau.

Ich schaustelle, also bin ich …

… könnte ich wieder philosophieren. Ich möchte viel zur Schaustellerei auf der Wiesn sagen, aber immer wenn ich über all die Formen, wie der Mensch sich dort so zeigt, nachdenke, komme ich auf einen der ursprünglichsten Schausteller zurück: den Schichtl. Ich meine hier meine Vorgänger. Gott bewahre, dass ich mich selbst hier und heute ins Zentrum stellen möchte. Die Schichtls sind eine legendäre Schaustellerdynastie, die sich bis ins 17. Jahrhundert zurückverfolgen lässt. Ihr »Original-Zauber-Spezialitäten-Theater« führten sie dem Oktoberfest-Publikum erstmals im Jahre 1869 vor. Meine Zeit als Schausteller ist damit verglichen recht kurz, aber frühestens 2085 vorbei. Ein bisserl Optimismus möcht schon sein!

Ihr Manfred Schauer, d.S.v.d.W.

Links: Liesl Karlstadt, Bertolt Brecht und Karl Valentin in den 20er Jahren auf der Wiesn; Franziska Eichelsdörfer, von der Manfred Schauer das Schichtl-Theater übernahm. Rechts: Die Krinoline, ältestes Karussell auf der Wiesn, Blasorchester inklusive.

Man muss sich wundern,
dass man überhaupt
noch staunen kann.

Manfred Schauer, d.S.v.d.W.

Desserts & Süßes

Tiramisu

Café Kaiserschmarrn
Magnus und Gerhard Müller-Rischart

Für 4–6 Portionen

200 ml kalter Espresso
50 ml Mandellikör
3 frische Eier
125 g Zucker
250 g Mascarpone
500 g Sahne
200 g Löffelbiskuit
20 g Kakao

Außerdem

Glasform von ca. 30 x 20 x 6 cm

Zubereitungszeit 15 Minuten
Kühlen 6 Stunden

1. Den erkalteten Espresso mit dem Mandellikör mischen. Die Eier mit dem Zucker schaumig rühren. Mascarpone glatt rühren, unter die schaumige Eier-Zucker-Masse heben und noch einmal kräftig verschlagen. Die Sahne steif schlagen und unter die Eier-Mascarpone-Masse heben, sodass eine luftige Creme entsteht.

2. 100 Gramm Löffelbiskuits gleichmäßig in die Glasform legen und mit der Hälfte des Espresso-Likörs tränken. Ebenfalls die Hälfte der Creme gleichmäßig auf den getränkten Löffelbiskuits verteilen. Diesen Vorgang noch einmal wiederholen. Das Tiramisu 6 Stunden im Kühlschrank ruhen lassen.

3. Kurz vor dem Servieren das Tiramisu gleichmäßig mit dem Kakao bestäuben. Darauf achten, dass nicht zu viel Kakao verwendet wird, da dieser sonst den Geschmack der Creme übertönt.

Süßer Rezeptimport aus Italien

Das Tiramisu (italienisch für »Zieh mich hoch«) ist ein berühmtes Dessert aus Venetien. Lucciano Primoso, italienischer Konditormeister und Weltreisender, brachte es Anfang der 1980er-Jahre mit in Rischart's Backhaus.

Bayrisch Creme

Wirtshaus im Schichtl
Manfred Schauer

1. Für die Creme die Gelatine in kaltem Wasser einweichen. Die Vanilleschoten mit einem Messer längs aufschlitzen und das Mark herauskratzen.

2. Eigelb mit dem Puderzucker und dem Vanillemark in eine Schüssel geben und mit dem elektrischen Handrührer so lange schlagen, bis eine dicke hellschaumige Masse entstanden ist. Die Sahne in einer zweiten Schüssel steif schlagen.

3. Das Kirschwasser mit 2 Esslöffeln Wasser erhitzen und vom Herd nehmen. Die ausgedrückte Gelatine darin auflösen und unter die Eigelbmasse rühren. Ein Drittel der Sahne mit einem Schneebesen in die Eigelbmasse rühren, den Rest vorsichtig unterheben. Die Creme im Kühlschrank 2 Stunden fest werden lassen.

4. Die Beeren verlesen und bei Bedarf putzen; Erdbeeren kurz waschen und abtropfen lassen. Ein paar Früchte zur Dekoration auf die Seite legen, den Rest durch ein feines Sieb streichen und mit dem Zucker mischen.

5. Mit zwei Esslöffeln Nockerl aus der Vanillecreme formen und auf großen Tellern anrichten. Die Cremenockerl mit der Fruchtsauce und den beiseitegelegten Früchten verzieren.

Für 4 Portionen
2 Blatt Gelatine
2 Vanilleschoten
3 Eigelb
50 g Puderzucker
300 g Sahne
1 EL Kirschwasser (oder Grand Marnier)
250 g Himbeeren, Brombeeren oder Erdbeeren
2 EL Zucker

Zubereitungszeit 20 Minuten
Kühlen 2 Stunden

Stiftls Weißbier-Tiramisu

 ## Stiftl-Festzelt
Lorenz Stiftl

Für 8 Portionen

5 Blatt Gelatine
6 Eigelb
ca. 2 EL Zimtpulver
250 g Zucker
500 g Mascarpone
250 g Sahne
200 g Löffelbiskuit
500 ml Weißbier

Außerdem
rechteckige Auflaufform

Zubereitungszeit 20 Minuten
Kühlen 3 Stunden

1. Die Gelatine in kaltem Wasser einweichen. Eigelb, 1 bis 2 Prisen Zimtpulver und Zucker über dem heißen Wasserbad schaumig schlagen. Die Gelatine ausdrücken und langsam zu der warmen Masse geben. Mascarpone unterrühren und erkalten lassen. Wenn die Masse kalt ist, die Sahne steif schlagen und vorsichtig unterheben.

2. Einen Teil der Löffelbiskuits in eine große Auflaufform schichten und mit Weißbier tränken. Dann einen Teil der Mascarponemasse auf die Löffelbiskuits geben, wieder Löffelbiskuits darüberlegen und mit Weißbier tränken.

3. Den Vorgang wiederholen, bis die Löffelbiskuits und die Mascarponemasse aufgebraucht sind. Mit Mascarponemasse abschließen und das Tiramisu im Kühlschrank 2 bis 3 Stunden durchziehen lassen. Das Dessert vor dem Servieren mit Zimtpulver bestreuen.

Tipp Das Tiramisu lässt sich auch gut schon am Vortag vorbereiten – ohne Zimtdekoration. Decken Sie die Schichtspeise mit Frischhaltefolie ab, damit sie nicht fremde Gerüche aus dem Kühlschrank annimmt. Erst kurz vor dem Servieren wird das Tiramisu mit Zimtpulver bestreut.

Kaiserschmarrn

Ochsenbraterei (Spatenbräu-Festhalle)
Hermann und Anneliese Haberl, Antje Schneider

Für ca. 6 Portionen

50 g Rosinen
2 EL Rum
7 Eier
60 g Zucker
Salz
750 ml Milch
250 g Mehl
80 g Butter
Zucker zum Bestreuen
Puderzucker zum Bestäuben
8 Orangenscheiben
8 EL Preiselbeeren

Zubereitungszeit 30 Minuten
Einweichen 20 Minuten

1. Die Rosinen 30 Minuten mit Rum in einer Schüssel einweichen. Inzwischen die Eier, Zucker und Salz in einer Schüssel mit dem Schneebesen schaumig rühren, bis die Masse hellgelb und cremig wird. Die Milch und nach und nach das Mehl unterrühren. Mit den Schneebesen des Handrührgeräts die ganze Masse luftig aufschlagen.

2. In zwei Pfannen je 30 Gramm Butter erhitzen. Jeweils die Hälfte des Teigs einfüllen. Wenn der Teig leicht zu binden beginnt, die eingeweichten Rosinen einstreuen und bei kleiner Hitze backen, bis die Unterseite leicht gebräunt ist. Die Pfannkuchen wenden und auf der zweiten Seite ebenfalls anbräunen, dabei gleich zerreißen.

3. Jeweils einige Butterflocken zugeben, mit Kristallzucker bestreuen und diesen leicht unter ständigem Wenden karamellisieren. Den Kaiserschmarrn auf Tellern anrichten und mit Puderzucker bestäuben. Mit den Orangenscheiben und den Preiselbeeren garnieren.

Als Beilage passt Zwetschgenröster oder Apfelkompott.

Tipp Für Fortgeschrittene: Die Eier können auch getrennt werden. Dann zuerst das Eigelb in die Teigmasse einarbeiten und am Schluss das steif geschlagene Eiweiß leicht unterheben. Mit zwei ofenfesten Pfannen arbeiten. Nach dem Einstreuen der Rosinen den Backvorgang im vorgeheizten Backofen bei etwa 180 °C Umluft in etwa 10 Minuten zu Ende führen (die Pfannkuchen nicht wenden). Die Pfannkuchen sollen oben schön gebräunt sein. Dann kommt der Arbeitsgang mit dem Karamellisieren.

Marillenknödel mit süßem Kern

Münchner Knödelei
Florian und Bettina Oberndorfer

1. Die Kartoffeln mit der Schale in wenig Wasser gar kochen. Abgießen und sofort pellen. Die Kartoffeln noch heiß durch eine Kartoffelpresse drücken. Ei, Sahne, Butter, Mehl und Salz in die Kartoffelmasse einarbeiten und alles gut durchkneten. Den Teig kurz ruhen lassen.

2. Inzwischen die Marillen waschen und entsteinen. Anstelle des Steins in jede Aprikose 1 Stück Würfelzucker hineinstecken.

3. Den Teig auf einer bemehlten Arbeitsfläche etwa 5 Millimeter dick ausrollen, in 12 Quadrate schneiden und die Marillen so damit umhüllen, dass Knödel entstehen.

4. Reichlich Salzwasser in einem großen, weiten Topf zum Kochen bringen. Die Knödel einlegen und kurz aufkochen. Die Hitze reduzieren und die Knödel in 5 bis 8 Minuten gar ziehen lassen.

Tipp Der Knödelklassiker aus Österreich wird vor dem Servieren in gerösteten Semmelbröseln oder Mohn gewälzt und gezuckert.

Für 4 Portionen

500 g mehligkochende Kartoffeln
1 Ei
1 EL Sahne
70 g Butter
125 g Mehl
Salz
12 Marillen (Aprikosen)
12 Stück Würfelzucker

Zubereitungszeit 50 Minuten

Kaiserschmarrn mit karamellisierten Walnüssen

 ## Café Kaiserschmarrn
Magnus und Gerhard Müller-Rischart

**Für 1 Portion
als süßes Hauptgericht**

20 g Zucker
25 g Walnusskerne
1 EL Butter
125 g Weizenmehl
Salz
125 ml Milch
3 Eier
40 ml Mineralwasser
1–2 EL Rosinen (nach Belieben)
2 EL Butterschmalz
4 EL Eierlikör
Puderzucker zum Bestäuben

Zubereitungszeit 15 Minuten

1. Die Hälfte des Zuckers in einem hellen Topf so lange erhitzen, bis er flüssig ist. Dann die Walnüsse darin schwenken, bis alle benetzt sind. Die Butter hinzufügen und unterrühren, damit die Nüsse nicht aneinander kleben. Die Walnüsse schnell einzeln auf ein Blech legen und abkühlen lassen.

2. Das Mehl mit dem übrigen Zucker, einer Prise Salz und der Milch zu einem glatten Teig verrühren. Anschließend die Eier unter den Grundteig rühren und das Mineralwasser hinzufügen. Nach Belieben Rosinen hinzugeben.

3. Das Butterschmalz in einer beschichteten Pfanne erhitzen und den fertigen Teig hineingießen. Bei mittlerer Hitze den Teig auf beiden Seiten goldgelb backen. Mithilfe von zwei Pfannenwendern den Teig in grobe Stücke zerkleinern.

4. Den Kaiserschmarrn auf einem Teller anrichten, mit den karamellisierten Walnüssen bestreuen, mit Eierlikör begießen und mit Puderzucker bestäuben.

Tipp Vorsicht beim Karamellisieren der Walnüsse: Flüssiger Zucker ist sehr heiß und kann Verbrennungen dritten Grades verursachen!

Scheiterhaufen mit Apfelstückerl

Festhalle Schottenhamel
Christian und Peter Schottenhamel

Für 4–6 Portionen

Für die Royale
1/2 Vanilleschote
200 ml Milch
300 g Sahne
80 g Zucker
Salz
7 Eier

Für die Apfelstückerl
6 Semmeln (am besten Brioche)
80 g Rosinen
8 cl Rum
500 g Äpfel
80 g Puderzucker
Saft von 1 Zitrone
1 TL Zimtpulver
Butter für die Form
5 Eiweiß
1 EL Zucker

Für die Vanillesauce
1 Vanilleschote
500 ml Milch
80 g Zucker
Salz
5 Eigelb

Zubereitungszeit 45 Minuten
Backen 45 Minuten

1. Für die Royale die Vanilleschote längs halbieren. Die Milch mit Sahne, Zucker, der Vanilleschote und 1 kleine Prise Salz erhitzen. Von der Flamme nehmen und etwa 20 Minuten ziehen lassen.

2. Inzwischen für die Apfelstückerl die Semmeln in etwa 5 Millimeter dicke Scheiben schneiden. Rosinen in Rum einlegen und kurz erhitzen. Äpfel schälen, vom Kerngehäuse befreien, vierteln und in Scheiben schneiden. Äpfel mit den Rumrosinen, Puderzucker, Zitronensaft und Zimt marinieren.

3. Den Backofen auf 170 °C (Umluft 150 °C) vorheizen. Für die Royale die Eier verquirlen und mit der Vanillemilch verrühren, durch ein Sieb passieren und abkühlen lassen. Die Auflaufform ausbuttern. Schichtweise Semmeln und Äpfel einlegen; die letzte Schicht sollen Semmeln sein. Die Royale darübergeben und etwa 10 Minuten ziehen lassen. Im Ofen (Mitte) etwa 45 Minuten backen.

4. Inzwischen für die Vanillesauce die Vanilleschote längs aufschlitzen und das Mark herauskratzen. Milch, Zucker, Vanillemark, Vanilleschote und 1 Prise Salz aufkochen. Passieren und abkühlen lassen.

5. Kurz vor Ende der Backzeit für den Scheiterhaufen das Eiweiß mit dem Zucker steif schlagen und über die ganze Form verteilen. Die Temperatur auf 200 °C (Umluft 180 °C) erhöhen und den Auflauf backen, bis er eine schöne braune Farbe hat.

6. Für die Vanillesauce das Eigelb mit der Vanillemilch verrühren. Die Masse langsam erhitzen und unter Rühren sämig werden lassen (wichtig: die Masse darf nicht heißer als 80 °C werden). Den Scheiterhaufen mit der Vanillesauce servieren.

Schichtls Schokobatz

Wirtshaus im Schichtl
Manfred Schauer

1. Butter und Schokolade in einem nur mäßig heißen Wasserbad schmelzen. Inzwischen die Eier trennen, Eiweiß und Sahne separat steif schlagen.

2. Eigelb und Whisky in einer großen Schüssel mit 2 Esslöffel heißem Wasser schlagen, bis die Masse hell und cremig ist.

3. Die geschmolzene Schokolade unterheben, anschließend sofort Eischnee und Sahne unterziehen – dabei mit einem Schneebesen arbeiten, nicht mit dem Rührbesen des elektrischen Rührgeräts.

4. Die Schokomasse mindestens 2 Stunden im Kühlschrank kalt stellen. Inzwischen für die Sauce die Himbeeren verlesen, abbrausen und auf Küchenpapier abtropfen lassen. Dann die Beeren mit Puderzucker und Rotwein pürieren.

5. Aus der gekühlten Schokomasse mithilfe von zwei feuchten Esslöffeln kleine Portionen abstechen und zu Nockerln formen. Diese auf Tellern anrichten, mit der Himbeersauce garnieren.

Dazu passen außerdem noch frische Früchte nach Belieben, mit denen die Dessertportionen garniert werden.

Für 6 Portionen

Für die Schokomasse
100 g Butter
200 g Zartbitterschokolade
200 g Vollmilchschokolade
6 Eier
250 g Sahne
1 EL Whisky (oder Weinbrand)

Für die Himbeersauce
200 g Himbeeren
2 TL Puderzucker
1 EL Rotwein

Zubereitungszeit 30 Minuten
Kühlen 2 Stunden

Apfelstrudel nach Rezept von Michael August Schichtl

Wirtshaus im Schichtl
Manfred Schauer

Für 8 Portionen

Für den Strudelteig
250 g Mehl
2 EL Öl
1 TL Essig
1 Ei
Salz
Öl zum Bestreichen und für das Backblech
Mehl zum Arbeiten

Für die Füllung
100 g Semmelbrösel
50 g Butter
1 Zitrone
1 kg Äpfel
200 ml Rum
150 g Zucker
1 TL Zimtpulver
50 g gehackte Mandeln (oder Nüsse)

Zubereitungszeit 1 Stunde
Ruhen 45 Minuten
Backen 45 Minuten

1. Das Mehl mit Öl, Essig, 125 Milliliter warmem Wasser, Ei und 1 Prise Salz zu einem glatten Teig verarbeiten. Mit etwas Öl bestreichen und an einem warmen Ort mindestens 1 Stunde ruhen lassen.

2. Inzwischen für die Füllung die Brösel in 10 Gramm Butter goldgelb anbraten. Die Zitrone auspressen. Die Äpfel schälen, vom Kerngehäuse befreien und in dünne Scheiben schneiden. Sofort mit dem Zitronensaft beträufeln. Mit Rum, Zucker, Zimt und den gehackten Mandeln mischen. Die restliche Butter schmelzen.

3. Die Hälfte des Teigs auf einem mit Mehl bestäubten Tuch so lange ausziehen, bis er so dünn ist, dass man »eine Zeitung dahinter lesen kann«. Den Backofen auf 180 °C (Umluft 160 °C) vorheizen.

4. Den Strudelteig mit etwas geschmolzener Butter bestreichen, die Hälfte der Bröselmasse gleichmäßig darauf verteilen, die Hälfte der Apfelmasse daraufgeben, dabei an den Seiten einen großzügigen Rand lassen. Die Ränder nach innen klappen und den Strudel mithilfe des Tuches einrollen. Auf ein geöltes Backblech legen.

5. Den zweiten Strudel genauso herstellen. Beide Apfelstrudel mit der flüssigen Butter bestreichen und im Ofen (Mitte) etwa 45 Minuten backen.

Den Apfelstrudel mit Puderzucker oder mit Zimt-Zucker bestreuen und mit Vanillesauce servieren.

Tipp Anstatt Äpfeln entsteinte, geviertelte Zwetschgen verwenden. Zur Obstmasse, falls gewünscht, 250 Gramm Quark dazugeben, weiter wie beim Apfelstrudel. Empfehlung beim Backen: mit 500 Milliliter Sahne übergießen, und schon lassen Sie sich zu einem Zwetschgenrahmstrudel verführen.

Bio-Apfelkücherl

Hühner- und Entenbraterei Ammer
Josef und Elisabeth Schmidbauer

Für etwa 15 Apfelkücherl

110 g Mehl
125 ml dunkles Bier
15 g Bio-Rohrzucker
2 EL Öl
2 Eiweiß
ca. 1–1,5 l Bio-Brat- oder Frittieröl
4–5 leicht säuerliche Äpfel
(z. B. Cox Orange)
ca. 80 g Zucker zum Wälzen
etwas Zimtpulver

Zubereitungszeit 25 Minuten

1. Das gesiebte Mehl mit dem Bier, Zucker und Öl mithilfe des Handmixers oder mit dem Schneebesen zu einem glatten Teig verrühren. In einer zweiten Schüssel das Eiweiß steif schlagen und vorsichtig unter die Mehl-Bier-Masse heben.

2. Das Bratöl in der Friteuse oder im Topf auf 180 °C erhitzen. Inzwischen mit einem Apfelausstecher das Kerngehäuse aus den Äpfeln entfernen, die Äpfel nach Belieben schälen und in etwa 1 Zentimeter dicke Scheiben schneiden. Die Scheiben dann durch den Bierteig ziehen.

3. Die Apfelkücherl von beiden Seiten im Fett goldbraun ausbacken. Den Zucker mit 2 Prisen Zimt mischen und die Apfelkücherl zum Servieren darin wälzen.

Dazu passt Vanilleeis und Schlagsahne.

Tipps Als Variante zum Apfel bieten sich beispielsweise auch Ananasscheiben an. Eine feine salzige Beilage wird aus dieser Nachspeise, wenn anstelle von Obst Gemüse-stücke wie Blumenkohl- oder Brokkoliröschen durch den Bierteig gezogen werden. Den Teig in diesem Fall ohne Zucker zubereiten, dafür leicht salzen, und selbstver-ständlich auch die Zimt-Zucker-Mischung weglassen.

Pfannkuchen mit Topfen und Rosinen gefüllt

Hofbräu-Festzelt
Familie Steinberg

1. Für die Pfannkuchen Mehl, Milch, Eier, Orangenschale, 1 Prise Salz und Zucker zu einem dünnen Teig verrühren. 20 Minuten quellen lassen.

2. Inzwischen für die Sauce die Vanilleschote längs halbieren und mit der Milch in einem Topf aufkochen. Die Vanilleschote entfernen und die Milch abkühlen lassen.

3. Für die Füllung die Rosinen in Rum einlegen. Den Topfen erst etwas abtropfen lassen, dann mit dem Zucker gut verrühren. Anschließend die Rosinen unterheben.

4. Für die Sauce Zucker und Eigelb gut verrühren und unter die abgekühlte Vanillemilch rühren. Im warmen Wasserbad zusammen aufschlagen und bis zum Servieren warm halten.

5. Das Mineralwasser unter den Teig rühren. Eine Pfanne mit wenig Butter erhitzen, etwas Teig darin gleichmäßig dünn verteilen und von beiden Seiten goldgelb backen. Aus dem restlichen Teig 5 bis 7 weitere Pfannkuchen backen.

6. Die Pfannkuchen mit der Füllung bestreichen, einrollen und mit der warmen Vanillesauce servieren.

Für 6–8 Portionen

Für die Pfannkuchen
250 g Mehl
300 ml Milch
4 Eier
abgeriebene Schale von 1 Bio-Orange
(oder Bio-Zitrone)
Salz
1 TL Zucker
100 ml Mineralwasser mit Kohlensäure
80 g Butter oder Schmalz zum Backen

Für die Vanillesauce
1 Vanilleschote
1 l Milch
150 g Zucker
6 Eigelb

Für die Füllung
50 g Rosinen
50–60 ml Rum
300 g Topfen (Quark)
50 g Zucker

Zubereitungszeit 50 Minuten

Bodo's Pariser Trüffeltörtchen

Bodo's Caféezelt
Bodo Müller

1. Beide Kuvertüren hacken. Die Sahne aufkochen und die Kuvertüre einrühren, bis sich die Schokoladenstückchen aufgelöst haben. Die Masse 1 Tag kühl stellen.

2. Den Backofen auf 240 °C (Umluft 220 °C) vorheizen. Für den Biskuit die Eier trennen. Das Eigelb mit 120 g Zucker, Vanillezucker, 1 Prise Salz sowie 5 Esslöffel heißem Wasser aufschlagen. In einer weiteren Schüssel das Eiweiß aufschlagen und den restlichen Zucker dort nach und nach einrieseln lassen. Den Eischnee unter die Eigelbmasse ziehen. Das Mehl sieben, mit der Speisestärke und dem Kakao mischen und unter die Eiermasse heben. Den Teig auf ein mit Backpapier ausgelegtes Back-blech streichen. Im Ofen (Mitte) 5 bis 10 Minuten backen. Vom Backblech nehmen und auskühlen lassen.

3. Für die Füllung die Kirschen in ein Sieb abgießen und den Saft dabei auffangen. Etwas Saft mit der Stärke verrühren. Den übrigen Kirschsaft in einem Topf zum Kochen bringen, Zucker dazugeben und unterrühren. Die Stärkemischung in den kochenden Kirschsaft geben und kurz aufkochen lassen. Anschließend die Kirschen dazugeben, mit etwas Zimtpulver und Vanillemark abschmecken.

4. Für den Kirschwasser-Läuterzucker 500 Milliliter Wasser und den Zucker in einem Topf aufkochen, abkühlen lassen. Das Kirschwasser zugeben und beiseite-stellen. Für die Trüffelmasse die durchgekühlte Schokoladenmasse wie Schlagsahne aufschlagen. Etwas davon für die Verzierung der Trüffeltörtchen kühl stellen.

5. Aus dem Biskuit 12 bis 14 Kreise (Ø 7 Zentimeter) ausstechen und die Hälfte davon in Ringförmchen legen, darauf die Kirschfüllung und darüber etwas von der Schokoladensahne geben. Mit einer Scheibe Biskuit belegen und diese mit Kirschwasser-Läuterzucker tränken. Die Törtchen mehrere Stunden kühl stellen.

6. Anschließend den Ring vorsichtig abnehmen, die Törtchen mit der übrigen geschlagenen Schokoladensahne einstreichen und mit Schokoraspeln ummanteln. Die Erdbeeren waschen, trockentupfen, halbieren und auf die Törtchen setzen.

Für 6–7 Stücke

Für die Schokoladentrüffelmasse
160 g Vollmilchkuvertüre
140 g Bitterkuvertüre
1 l Sahne

Für den Schokoladenbiskuit
6 Eier
150 g Zucker
1 Päckchen Vanillezucker
Salz
80 g Mehl
75 g Speisestärke
10 g Kakao

Für die Kirschfüllung
1 Glas Schattenmorellen
(Abtropfgewicht 350 g)
20 g Stärke
50 g Zucker
etwas Zimtpulver
Mark von 1 Vanilleschote

Für den Kirschwasser-Läuterzucker
300 g Zucker
40 ml Kirschwasser

Für die Dekoration
100 g Schokoraspel
ca. 20 Erdbeeren

Außerdem
6–7 Ringförmchen (à 7 cm Ø)

Zubereitungszeit 50 Minuten
Kühlen ca. 24 Stunden
Backen 10 Minuten

Bayerische Dampfnudel

Wirtshaus im Schichtl
Manfred Schauer

**Für 4 Portionen
als süßes Hauptgericht**

500 g Mehl
20 g Hefe
70 g Zucker
500 ml Milch
3 Eier (Größe M)
Salz
abgeriebene Schale von 1 Bio-Zitrone
100 g weiche Butter

Zubereitungszeit 20 Minuten
Gehen 65 Minuten
Backen 35 Minuten

1. Aus Mehl, Hefe, 2 Teelöffel Zucker und 250 Milliliter lauwarmer Milch einen Hefevorteig anrühren und etwa 15 Minuten gehen lassen.

2. Dann Eier, 1 Prise Salz, 40 Gramm Zucker, Zitronenschale und 75 Gramm Butter hinzufügen, alles zu einem geschmeidigen Teig verarbeiten und kräftig schlagen, bis er Blasen wirft und sich vom Schüsselrand löst.

3. In einer tiefen ofenfesten Deckelpfanne die restliche Milch (etwa 2 Zentimeter hoch) mit dem übrigen Zucker und 25 Gramm Butter aufkochen und lauwarm abkühlen lassen. In der Zwischenzeit aus dem Teig Kugeln von etwa 5 Zentimeter Durchmesser formen und zugedeckt etwa 30 Minuten gehen lassen, bis sich ihr Volumen verdoppelt hat.

4. Die aufgegangenen Nudeln mit der Nahtseite nach unten nebeneinander in die lauwarme Milch legen und die Dampfnudeln zugedeckt weitere 20 Minuten gehen lassen.

5. Den Backofen auf 180 °C (Umluft 160 °C) vorheizen. Die Pfanne auf den Herd stellen und die Dampfnudeln bei mittlerer Hitze 10 Minuten garen. Anschließend die zugedeckte Pfanne in den Ofen (Mitte) stellen und die Dampfnudeln etwa 35 Minuten backen. Den Deckel zwischendurch nicht abnehmen, die Nudeln könnten sonst zusammenfallen.

6. Sollte die Kruste an der Unterseite der Dampfnudeln am Ende der Backzeit noch zu hell sein, die Pfanne noch einmal auf den Herd stellen und die Dampfnudeln bei mittlerer Hitze goldbraun nachbacken.

Mit Vanillesauce servieren.

Topfenstrudel

Café Kaiserschmarrn
Magnus und Gerhard Müller-Rischart

1. Die Zutaten für den Strudelteig mit 100 Milliliter lauwarmem Wasser zu einem halb weichen, klebrig-zähen Teig verarbeiten. Den Teig auf einem unbemehlten Brett so lange durcharbeiten, bis er sich von den Händen und dem Brett löst. Die Oberfläche des Teigs mit Öl bestreichen. Den Teig 20 bis 30 Minuten ruhen lassen.

2. Für die Topfenfüllung zuerst ein Ei trennen und das Eiweiß zur Seite stellen. Die Butter schmelzen. Das Eigelb, das zweite Ei, Quark und Sahne glatt rühren. Zucker, Puddingpulver, 1 Messerspitze Vanille und 1 Prise Salz nach und nach hinzugeben und die flüssige Butter unterheben. Das Eiweiß mit dem Puderzucker steif schlagen. Den Eischnee und die Rosinen unter die Quarkmasse heben.

3. Den Teig auf einem mit Mehl bestäubten Tuch rechteckig ausrollen und dünn „ausziehen". Dabei mit dem bemehlten Handrücken unter den Teig greifen und vorsichtig von der Mitte nach außen ziehen, bis der Teig papierdünn ist. Den ausgezogenen Teig nun noch einmal mit etwas Öl bestreichen.

4. Den Backofen auf 180 °C (Umluft 160 °C) vorheizen. Die Füllung gleichmäßig auf dem Teig verteilen, dabei einen Rand von etwa 3 Zentimetern lassen. Den Teig an den Rändern einschlagen, damit die Füllung nicht ausläuft. Das Strudeltuch vorsichtig anheben und den Teig mit der Füllung nach und nach aufrollen. Dabei immer wieder nachfassen, damit der Teig nicht reißt.

5. Den Strudel vorsichtig in U-Form in eine gefettete Auflaufform legen und im Ofen (Mitte) etwa 40 Minuten backen. Zum Servieren den noch warmen Strudel aufschneiden und mit Puderzucker bestäuben.

Für 8 Portionen

Für den Strudelteig
250 g Mehl Typ 405
1 Ei
1 Prise Salz
2 EL Öl
Öl zum Bestreichen
Mehl zum Arbeiten

Für die Topfenfüllung
2 Eier (Größe M)
75 g Butter
500 g Topfen (Quark)
60 g Sahne
75 g Zucker
1/2 Päckchen Sahnepuddingpulver
gemahlene Vanille
Salz
40 g Puderzucker
30 g Rosinen
Fett für die Form
Puderzucker zum Bestäuben

Zubereitungszeit 30 Minuten
Ruhen 20 Minuten
Backen 40 Minuten

AMMERS lauwarmes Schokoladenkuchenherz

Hühner- und Entenbraterei Ammer
Josef und Elisabeth Schmidbauer

Für 8 Schokotörtchen

Für den Kuchen

100 g Bitterkuvertüre
100 g Butter
4 Eier
80 g Zucker
50 g Mehl
1 EL Kakaopulver
etwas Butter und Zucker zum Ausfetten der Backförmchen

Für die Sauerkirschen

1 Vanilleschote
250 ml kräftiger Rotwein
100 g Zucker
1 Messerspitze Zimtpulver
2 EL Speisestärke
200 g Sauerkirschen aus dem Glas, abgetropft

Außerdem

8 Metallbackförmchen
in Herzform, ca. 9 cm breit

Zubereitungszeit 45 Stunden
Gefrieren 3 Stunden

1. Die Kuvertüre in kleine Stücke brechen und mit der Butter in einer Schüssel über Wasserdampf schmelzen lassen.

2. In einer zweiten Schüssel die Eier mit dem Zucker mindestens 10 Minuten mit dem Handrührgerät schaumig schlagen. Das Mehl mit dem Kakaopulver mischen und auf die Eimasse sieben, mit einem Schneebesen glatt durchrühren. Danach die flüssige Schokoladen-Butter-Mischung vorsichtig unter die Eimasse heben.

3. Die Backförmchen buttern und zuckern. Dann jedes Förmchen zu drei Viertel mit Teig füllen und für mindestens 3 Stunden ins Tiefkühlfach geben.

4. Den Backofen auf 160 bis 170 °C (Umluft 150 °C) vorheizen. Dann die Küchlein im heißen Ofen (Mitte) 15 bis 17 Minuten backen. Dabei sollte der Schokoladenkern flüssig bleiben.

5. Inzwischen für die Sauerkirschen die Vanilleschote längs halbieren. Den Rotwein mit dem Zucker, dem Zimt und der Vanilleschote aufkochen. Die Vanilleschote aus der Flüssigkeit nehmen, das Vanillemark mit einem kleinen Messer herauskratzen und in die Flüssigkeit geben.

6. Die Speisestärke mit 2 Esslöffeln Wasser glatt rühren, in die Rotweinflüssigkeit gießen und diese zum Binden kurz aufkochen. Die Sauerkirschen dazugeben und untermischen. Das Kirschkompott abkühlen lassen und zu den lauwarmen Schokoladenküchlein servieren.

Tipp Zu dem Schokoladenkuchen passt statt der Sauerkirschen auch Vanillesauce.

Hinter den Kulissen

Einmalig sind die Paraden des heutigen Schichtl vor der eigentlichen Vorstellung im Inneren des Zeltes. In Lederhose und Zylinder flitzt und springt der Manfred Schauer zur Musik der Blues Brothers auf der Bühne herum. Wenn er sein »Kabinett vom Oktoberfest« auf die Bühne ruft, ist diese plötzlich voller tanzender und strahlender Menschen.

Bis zur absoluten Erschöpfung …

All diese fröhlich-energiegeladenen »Kabinettsmitglieder«, darunter der Henker Ringo der Schreckliche, die grausame Schichtlin oder der musikalische Hamperer, absolvieren jedes Jahr sechzehn Tage lang täglich 25 bis 30 Aufführungen, in fliegendem Wechsel und mit jeweils nur 25 Minuten Pause in zwölf Stunden. Und mit dem letzten Ton in der Stimme kämpfen sie alle dafür, dass die Schichtl-Darbietung auch bei der 400. Vorstellung am letzten Wiesn-Tag noch gehörig begeistern kann. Auch wenn wahrscheinlich jeder sich jedes Jahr, wenn's dann zum Ende des Oktoberfestes hingeht, schwört: »Das war meine letzte Wiesn«. Ein paar Wochen später beginnen die Schausteller schon wieder, die Tage bis zum Beginn der nächsten Wiesn zu zählen.

Schauer macht lustig!

Meine Damen und Herren, hochgeschätzte Münchner und Nicht-Münchner, liebe Putzkräfte und Bauchladenmädels, liebe Sanitäter und Heiratsschwindler, liebes Bauernvolk! Dieses einmalige Lebensgefühl rund um das Oktoberfest, warum soll man sich dem nicht hin- oder ergeben? Vom Bierbaron bis zum Schiffsschaukelbremser, den Lieferanten und Vieranten, den Schaustellern und Schaustehlern – meine Zunft! –, alle, die mit der Wiesn zu tun haben, sind dieser Faszination realster Lebensfreude ausgeliefert. Panem et circenses, quasi alles unter einem Dach, und das mitten in München.

Auch ich bin jenen Reizen erlegen und aufgrund einer Fügung des Schicksals zum leibhaftigen Schichtl geworden, als 1985 nämlich kein andrer außer mir ihn haben wollte und ich zum Schichtl kam wie die Jungfrau Maria zum Kinde. Ein Leben ohne das Schichtl-Theater ist für mich inzwischen schlichtweg undenkbar. Wenn es nach mir geht, geht's noch mindestens 75 Jahr' so weiter, aber was geht schon nach mir?

Die wahre Geschichte

Das erste Mal stand ich 1985 auf der Bühne des Schichtls, an der Seite der legendären »Schichtlin« Franziska Eichelsdörfer, damals noch mit null Komma null Ahnung von den Geheimnissen eines Volksfesttheaters. – Null Ahnung hab ich wahrscheinlich immer noch, jetzt merkt es bloß keiner mehr. Da passte es wunderbar dazu, dass ich zunächst auch absolut keinen Dunst hatte, wie dies seltsame, eigentlich ziemlich fertige Theater auf Hochtouren zu bringen sei. Die ideale Ergänzung im Verein der Unwissenden, der sich damals beim Schichtl zusammengefunden hatte.

Nix für ungut – die Wiesn 1985 begann, und das Desaster beim Schichtl nahm seinen Lauf. Zur Blasmusik vom Tonband versuchte ich den Menschen nahezulegen, doch den witzigen Schichtl zu besuchen. War aber eher unwitzig, denn die Ergebnisse waren dürftig und die Situation grausam und demoralisierend. Es dauerte vier ganze Tage und Nächte, und ich war mehr oder minder kurz davor, zu kapitulieren. Am Tag fünf hatte ich die Schnauze gestrichen voll und die Kasse leer.

Auf geht's

Aber dann setzte ein interessanter Mechanismus ein, denn »wo eh scho ois wurscht ist«, kann man ja nicht mehr viel schlimmer machen. Ich packte also meine letzten, finalen

Schnapsideen aus – habe da scheinbar irgendwie den Anfang eines Konzepts gefunden und vor allem Spaß bekommen am Vortrag über die Genialität des Theaters und seine einmaligen Vorführungen. War selber ganz baff … Und siehe da: Die ersten Leut' auf derer Straße 1 lachten mich an, nicht mehr aus! Ich hab mich natürlich gefreut, hab herzlich mitgelacht, angefangen, diese Lacherei ernst zu nehmen und dann schließlich überhaupt nix mehr ernst genommen. Der Manfred im Schichtl begann zu wirken. Ausgelöst durch einen geistigen Blitzschlag habe ich, so

um 1990/91, den Frack mit der Lederhose und die Blasmusik mit den Blues Brothers getauscht.

Ihr Manfred Schauer, d.S.v.d.W.

»Kaviar für die Augen«

Das Programm wechselt alljährlich, natürlich bis auf die Köpfung mittels Fallbeil. Und so oft wie's geht, wechsle ich zur Bluttransfusion die Texte. Beim Schichtl lebt die Tradition des Schaustellertums des 19. Jahrhunderts auf dem Oktoberfest unserer Tage weiter, allerdings den Bedingungen des modernen Humors angepasst. Ich weiß, dass mir bereits nach wenigen Tagen auch heuer wieder so ungefähr alles am Körper weh tun und die Stimme dahin sein wird. Aber die Begeisterung, die wird ungebrochen bleiben. Ich liebe den Schichtl und seine Gäste. Als Schichtl mit Haut und Haar gebe ich alles für mein Theater und seine Besucher. Aus derer Nummer komm und will ich nimmer naus.

Ihr Manfred Schauer, d.S.v.d.W.

Der Schichtl präsentiert Programm und Mitwirkende auf der Bühne und lockt die Schaulustigen ins dahinter gelegene Theater.

Das Wirtshaus im Schichtl

Auch eine Henkersmahlzeit gibt's im Schichtl zu genießen, bei Bedarf auch erst nach der Hinrichtung. Schon anno 1910 konnten sich die Besucher in »Schichtls Himmlischer Schänke« verwöhnen lassen. Ungleich mehr kulinarische Spezialgenüsse winken dem Gast auf der Speisekarte im »Wirtshaus im Schichtl«, das seit 2001 zum Theater gehört.

Gaumenfreuden

Ob Menü, kleiner Imbiss, Salatiges oder Süßes – urbayerische Schmankerln gibt's hier herinnen zu vernaschen. Es locken unter anderem das »Kasbrett'l vom Hamperer«, »Biggis Magendratzerl« oder »Der Schichtlin ihre Salatschüssel«. Was da wohl drin sein mag? Vor allem aber wird dem Delinquenten »Ringos Henkersmahlzeit – Brotzeitbrett'l sauber hingricht« serviert – dahinter verbirgt sich übrigens unter anderem ein kalter Braten – so viel darf hier verraten werden – nebst anderen Leckereien. Besonderen Wert legt der Schichtl-Wirt auf die hochwertige und für Mensch wie Tier verträgliche Herkunft seiner Speisen, im Besonderen auf die Qualität des Fleisches: alles Bio! Alle Köstlichkeiten aus Wurst, Fleisch und Brot stammen von den Herrmannsdorfer Landwerkstätten. Bei uns zu essen, ist gesünder als anderswo fasten. Und auch für die Gaumenfreuden der fleischlosen Kostgänge von Vegetariern und Zahnlosen oder auch zahnlosen Vegetariern ist im »Wirtshaus im Schichtl« gesorgt: Diesen blühen zum Beispiel »Bunte Schmetterlingssalate von Elvira«. Zum Trinken werden verschiedene Biersorten, erlesene Weine und auch Alkoholfreies angeboten. Untermalt wird das Ganze von den musikalischen Klängen der traditionellen Schichtl-Musiker, den »Zipfi Zapfi Buam« – die hören sich besser an, als der Name vermuten lässt.

»Warnhinweis für den Benutzer« – aus der Speisekarte vom Schichtl

»Ihr Appetit muss nicht unbedingt unseren Wohlstand mehren, aber den Ihren auch nicht verringern. Nicht nur deswegen werden wir so ungefähr alles unternehmen, Ihr körperliches Wohlbefinden auf Vordermann zu bringen. … Und wenn Sie noch weiteressen, obwohl Sie schon satt sind, brauchen Sie dabei auch kein schlechtes Gewissen zu haben, denn trinken ohne Durst kann schließlich auch ein jeder. Außerdem müssen Sie nicht in jedem Fall so nüchtern bleiben wie unsere Musiker, die sind es auch bloß, weil es so im Vertrag steht. Wir gehen davon aus, dass unsere Mitarbeiter Sie sehr gerne und gut behandeln. Sollte dies jedoch einmal nicht der Fall sein, stellen Sie sich ruhig die Frage, was Sie eventuell falsch gemacht haben, wir helfen gerne bei der Findung des Übels. Für nachweisliche Fehl- oder Übergriffe seitens des Personals wenden Sie sich bitte an Herrn Ringo Praetorius, dieser liebliche Herr bedient nebenan das Fallbeil. Panem et circenses, alles unter einem Dach. Wir wünschen Ihnen einen zünftigen Appetit und hingebungsvollen Durst dazu!

Ihr Pflegedienst vom ›Wirtshaus im Schichtl‹«.

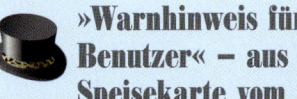

Deftig bayerisch und bei Fleisch wie Wurst außerdem ganz öko, so speist man hier.

Conny Berke leitet das Wirtshaus im Schichtl, die Zipfi Zapfi Buam sorgen für zünftige Tischmusik zu deftigen Spezialitäten und frisch gezapftem Bier.

RUND UM den Tege

Vielen Dank für die Unterstützung!

Augustiner-Festhalle

Festwirt Manfred Vollmer
Küchenchef Martin Schwarz
Brauerei Augustiner-Bräu

Augustiner Großgaststätte

Neuhauser Straße 27
80331 München
Tel.: 089/23 18 32 66
www.augustiner-restaurant.com

Bodo's Cafézelt

Festwirt Bodo Müller
Küchenchefin Bianca Bruckschlögl

Bodo's Backstube

Herzog-Wilhelm-Straße 29
80331 München
Tel.: 089/26 36 73
www.bodos.de

Café Kaiserschmarrn

Festwirte Magnus und
Gerhard Müller-Rischart
Küchenchef Thomas Plötz

Max Rischart's Backhaus KG

Marienplatz 18
80331 München
Tel.: 089/231 70 00
www.kaiserschmarrn.by

Festhalle Pschorr-Bräurosl

Festwirte Renate und Georg Heide
Küchenchef Pascal Nigg
Brauerei Hacker-Pschorr Bräu

Heide-Volm GmbH & Co. KG

Bahnhofstraße 51
82152 Planegg
Tel.: 089/89 55 63 53
www.braeurosl.de

Festhalle Schottenhamel

Festwirte Christian und Peter
Schottenhamel
Küchenchef Gerhard Spermann
Brauerei Spaten-Franziskaner-Bräu

Festhalle Schottenhamel OHG

Uhlandstraße 3
80336 München
Tel.: 089/54 46 93 10
www.festzelt.schottenhamel.de

Hippodrom

Festwirt Sepp Krätz
Küchenchef Erhard Schneider
Brauerei Spaten-Franziskaner-Bräu

Josef Krätz Hippodrom eK

Weinstraße 7a
80333 München
Tel.: 089/29 16 46 46
www.hippodrom-oktoberfest.de

Hofbräu-Festzelt

Festwirte Familie Steinberg
Küchenchef Massamba Diagne
Brauerei Hofbräu München

Margot und Günter Steinberg OHG

Hofbräukeller/Hofbräu-Festzelt
Innere Wiener Straße 19
81667 München
Tel.: 089/459 92 50
www.hb-festzelt.de

Hühner- und Entenbraterei Ammer

Seit 1885 auf dem Münchner
Oktoberfest
Festwirte Josef und Elisabeth
Schmidbauer
Brauerei Augustiner-Bräu

Joseph Ammer OHG

Schloss Nymphenburg, Eingang 43
80638 München
Tel.: 089/812 74 01
www.ammer-wiesn.de

Hühner- und Entenbraterei Wildmoser

Festwirte Theres und Karl-Heinz Wildmoser
Küchenchef Thomas Nickel
Brauerei Hacker-Pschorr Bräu

Hühner- und Entenbraterei Wildmoser OHG

Theres und Karl-Heinz Wildmoser
Donisl
Weinstraße1
80331 München
Tel.: 089/29 62 64 oder 22 01 84
www.huehner-und-entenbraterei-
wildmoser.de

Kuflers Weinzelt

Festwirte Roland, Doris und Stephan Kuffler
Küchenchef Freddy Gutierrez

Kuffler Weinzelt GmbH

Residenzstraße 12
80333 München
Tel.: 089/29 07 05 17
www.weinzelt.com

Münchner Knödelei

Festwirte Florian und Bettina Oberndorfer
Küchenchefin Tanja Timme
Brauerei Paulaner

Wirtshaus in der Au GmbH

Münchner Knödelei
Lilienstraße 51
81669 München
Tel.: 089/48 09 05 89
www.muenchner-knoedelei.de

Ochsenbraterei (Spatenbräu-Festhalle)

Festwirte Hermann und Anneliese Haberl, Antje Schneider
Küchenchef Richard Lindermeier
Brauerei Spaten-Franziskaner-Bräu

Ochsenbraterei Haberl OHG

Englischer Garten 3
80538 München
Tel.: 089/38 38 73 12
www.ochsenbraterei.de

Schützen-Festzelt

Festwirte Claudia und Eduard Reinbold
Küchenchef Harald Schwarz
Brauerei Löwenbräu

Gastronomiebetriebe Reinbold KG

Gaststätte »Franziskaner«
Perusastraße 5
80333 München
Tel.: 089/23 18 12 24
www.schuetzen-festhalle.de

Stiftl-Festzelt

Festwirt Lorenz Stiftl
Küchenchef Karl Benner
Brauerei Paulaner

Stiftl GmbH

Hildegardstraße 2
80539 München
Tel.: 089/72 01 64 27
www.stiftl.de

Winzerer Fähndl (Paulaner Festhalle)

Festwirte Arabella und Peter Pongratz
Küchenchef Andreas Geitl
Brauerei Paulaner

Winzerer Fähndl Pongratz GmbH

Hochstraße 77
81541 München
Tel.: 089/62 17 19 10
www.winzerer-faehndl.com

Wirtshaus im Schichtl

Festwirt Manfred Schauer
Betriebsleitung Conny Berke
Brauerei Spaten-Franziskaner-Bräu

Schauer Veranstaltungs-GmbH & KG

81477 München
schichtlgastro@aol.com
www.schichtl.by

Vielen Dank auch an

Edith von Welser-Ude

und

Dr. Gabriele Weishäupl

Register

Über dieses Buch

Hinweis

Die Ratschläge in diesem Buch sind von Autoren und Verlag sorgfältig erwogen und geprüft, dennoch kann eine Garantie nicht übernommen werden. Eine Haftung der Autoren bzw. des Verlags und seiner Beauftragten für Personen-, Sach- und Vermögensschäden ist ausgeschlossen.

Über den Autor

Manfred Schauer, geboren im Frühling 1953 als Sohn seiner Eltern. Während seiner kaufmännischen Schul- und Lehrausbildung im Speditionsgewerbe stellte er fest, dass ihm die Materie zu trocken war, und gründete 1976 einen Tannengroßhandel in der Münchner Großmarkthalle, den er 29 Jahre führte. 1983 hatte er als Autor und Schauspieler seine ersten Theaterberührungen. Durch puren Zufall passierte ihm 1985 dann das Schichtl-Theater, das er sofort ehelichte und das ihm bis heute leidenschaftlich am Herzen liegt. 1995 zettelte er die erste Bayerische Biergartenrevolution an, an der in München über 25.000 Menschen teilnahmen. Der Erfolg hält bis heute in Form der liberalisierten Sperrzeiten an. Voraussichtlich wird der Schauer den Schichtl bis ins Jahr 2085 betreiben und dann … »schau'n ma mal«.

Bildnachweis

Foodfotograf und Covermotiv
Klaus-Maria Einwanger / foodartfactory
Foodstyling Monika Schuster und Anka Köhler
Styling Requisiten Alexandra Holzer
Assistenz Toni Maier und Franka Meinke
Reportagefotos Ingrid Grossmann
Mit Ausnahme von: AKG-Images, Berlin: 25 li., 25 re.; BPK, Berlin: 25 m.; Hansen Jan-Dirk, München: 28/29, 58/59, 78/79, 110/111; Interfoto, München: 55 (Bildarchiv Hansmann), 108 li. (Friedrich); TAM (Münchner Tourismusamt): 5; Ullstein Bild, Berlin: 108 re. (R. Dietrich)

Impressum

Redaktionsleitung Susanne Kirstein

Projektleitung Sonia Gembus

Layout, DTP, Gesamtproducing
v*büro – Jan-Dirk Hansen, München

Umschlaggestaltung
v*büro – Jan-Dirk Hansen, München

Redaktion Claudia Lenz, Essen, mit Unterstützung von Gudrun Mach, Raubling

Historische Texte Ina Deppe, Michael Kamp, Neumann & Kamp Historische Projekte, München

Bildredaktion Tanja Nerger

Korrektorat Kerstin Windisch, Gröbenzell

Reproduktion Artilitho snc, Lavis (Trento)

Druck und Verarbeitung Polygraf Print, Presov

Printed in Slovakia

Das für diesen Titel verwendete FSC-zertifizierte Papier *Profisilk* wurde produziert von Sappi Alfeld.

ISBN 978-3-517-08612-5

9817 2635 4453 6271